金持ち社長の経営

節税が会社をつぶす

野呂泰史　NBCグループ代表／税理士
Noro Yasushi

ぱる出版

はじめに

　私が代表を務めているＮＢＣグループ（ＮＢＣ税理士法人、ＮＢＣコンサルタンツ株式会社、ＮＢＣ資金を増やすコンサルティング株式会社）は、「縁のあったお客様は絶対に倒産させない」という理念を掲げて１９８６年に創業しました。以来、一貫して全国の社長のパートナー・参謀として、時に厳しく、時に温かく対峙し、多くのお客様を救ってきました。

　これまで支援してきたお客様は、北は北海道から南は沖縄まで全国４千数百社にものぼります。

　現在は創業の地である札幌に加え、仙台・東京・横浜・名古屋・大阪・福岡に支社を展開しています。近年、Ｍ＆Ａで規模を大きくしている会計事務所も多い中、我々ＮＢＣグループは採用した社員を育て、責任者を任せられるようになると支社を出す形で成長してきました。

　コンサルティング業界は、税理士のような資格商売とは異なります。資本力の必要ない業界だけに、国内系の上場している大手コンサルティング会社にとどまらず、雨後のタケノコのごとく次から次へと多くの競合が生まれひしめく激戦業界といえます。

その中でも当グループは、税理士法人とコンサルティング会社を支社内に併設し、財務会計・資金繰り改善・人財育成・事業承継・人事評価制度などさまざまな角度からお客様の支援を行い、独自のポジショニングを築き上げてきました。多くのお客様から「税理士に対する固定観念が変わった」、「こんな会計事務所があるとは思わなかった」というお褒めの言葉も数多くいただきます。

なぜ、札幌という地方都市の一企業がここまで成長できたのか。

少し大げさかもしれませんが、多くの会計事務所は税理士と数人のスタッフが、自転車で回れる程度のエリアで業務を行っています。業務内容も税金の相談や申告業務、税務調査の立ち会いなどに重きを置いています。そして、顧問料をいただいているお客様（社長）に対しては、たとえ赤字でも、借入金が過大になっていても、迎合とも取れる態度でお付き合いしています。本来は、警鐘を鳴らす役割にもかかわらず……。

当グループが会計事務所業界内で「異端児」といわれているのは、多くの会計事務所と異なるスタンスを取り続けてきたからであり、半ば当然なのかもしれません。

私たちは決して優れたビジネスモデルを見出して成長してきたのではなく、税理士の本来の役割、あるべき姿。まさに「縁のあったお客様は絶対に倒産させない」という理念を追求してきたからにほかならないのです。

業績が悪く、資金繰りの悪い企業。リストラが必要な企業。前社長が急死し、若い後継者が社長に就任した企業。本当に苦しい企業もあきらめることなく全力で支援し、成長に導いてきました。

２０２０年2月以降、新型コロナウィルス感染症は多くの企業の業績にマイナスの影響を与え、倒産・廃業に追い込まれた事例も珍しくありません。国からの補助金や特別融資で何とか凌いできた企業も、消えてなくなっていくと予測されています。

この厳しい時代に多くの社長は、誰に相談することもできず悩み苦しんでいるのです。

２０２０年1月に「金持ち社長のお金の残し方・増やし方」を出版させていただきました。

「商売の仕方は知っていたが、お金の残し方は知らなかった…」「何年経営しても、お金が増えず困っていた…」「私の経営の仕方が間違っていた…」等、有難いことに大変大きな反響をいただきました。

そして今回もまた、ぱる出版様から、多くの企業、多くの社長が困っている「今だからこそ」書籍を出さないかという声をかけていただき、出版を迎えることとなりました。

本書が、全国の社長の経営の一助となることを願ってやみません。
そして、1人でも多くの税理士・会計事務所スタッフの方が立ち上がり、1社でも多くの顧問先・社長を救い、感謝される存在になることを切に期待し、執筆させていただきます。

2021年10月

野呂泰史

金持ち社長の経営　節税が会社をつぶす　●もくじ

第1章　税理士の本来の役割とは何か

第2章　節税が会社をつぶす

第3章 資金を軸にした経営

第4章 労働分配率経営で社員が育つ

第5章 【経営改善事例集】

第1章 税理士の本来の役割とは何か

1 「企業寿命30年説」は本当か

◇企業は約7割が赤字で生存率も低いという現実

企業の「生存率」という言葉を聞いたことがある方も多いと思います。起業してから何年で、何％が倒産・廃業せずに継続することができるのか……。その割合を示した言葉です。「企業寿命30年説」は１９８０年代に「日経ビジネス」が「企業は永遠か」との表題で特集した記事において提起された仮説です。この記事の影響は大きく、企業の寿命は30年と長く、起業すれば継続する企業の割合が高いと思っている方も多いようです。

また、日本は世界で一番長寿企業が多い国であることもよく知られています。日経ＢＰコンサルティングの調査結果によると、創業１００年以上の企業は３万３０７６社で日本が世界第1位。世界の創業１００年以上の企業全体に占める割合は41・３％。創業２００年以上になるとその傾向はさらに高まり、企業数は１３４０社で日本がトップ。全体に占める割合は65％と報じています。

しかし、実際に30年も生存する企業はほとんどないようです。「日経ビジネス」(2017年3月21日号）の「創業20年後の生存率0・3%」を乗り越えるには」という記事中に、このような記載があります。

「ベンチャー企業の生存率を示すデータがあります。創業から5年後は15・0%、10年後は6・3%。20年後はなんと0・3%です。非常に厳しい。」

実際にこの数字の通りということであれば、企業の生存率はとてつもなく低いことになります。

誰しも失敗したくはないですし、成功しようと思って創業したにもかかわらず、30年どころか5年で85%の企業は倒産・廃業しています。20年後にはわずか300社に1社しか残ることができないのです。

国税庁の「法人税等の申告（課税）事績の概要」によると、1990年代に入ってから約7割の企業が赤字（欠損法人）という状況が続いています。2020年11月に発表した令和元年の事務年度における全法人の黒字申告割合は35・3%。前年度に比べると0・6ポイント増と9年連続で黒字申告割合が増えているものの、依然として7割近くの企業が赤字です。

国内法人の約99%が中小企業であることを踏まえると、この数値がそのまま中小企業の

Point! 企業の実態

◎5年で85%の

企業は倒産・廃業

◎約7割の企業は赤字

長く続けるのは
難しく、珍しいこと

経営動向、厳しさを示しているともいえます。ここからも事業継続の難しさを実感できるのではないでしょうか。

忘れてはいけない「5年で85%の企業は消えてしまう」

約7割が赤字（欠損法人）という結果からもわかるように、黒字経営を継続することは至難のわざです。言い換えれば、赤字・倒産・廃業というのは決して珍しいことではなく、長く続けることこそ本当に難しく、珍しいことなのです。

しかし多くの社長は、創業して時間が経過していくうちに、自社が稀有な存在であることを忘れ、生存率の低さを認識せずに経営していると感じることが多くあります。

特に創業者から2代目3代目へとバトンが繋がっていくと、「この先もうちは長く続いていくものだ」という錯覚を起こしやすいものです。

たとえば、創業から30年も経過していればさまざまな苦難の歴史があるはずです。

この30年の景気後退局面だけを振り返ってみても、「バブル崩壊」「日本列島総不況」「ITバブルの崩壊」「リーマンショック」「円高不況」、そして現在直面している「新型コロナショック」と、これだけ厳しい時代を生き抜いてきているのです。

もちろん、経営の苦難は景気後退ばかりではなく、得意先の倒産や信じていた社員の離職や事故等、たくさんの苦労を乗り越えてきたからこそ「いま」があるわけです。

しかし、この苦難を乗り越えてきた自信、成長してきた経験が過信に変わり、緊張感に欠けた経営になってしまっているケースをたくさん見てきました。特に、日本の経済成長に合わせて成長してきた産業や、市場が拡大してきた恩恵を多く受けてきた企業です。そういった企業の多くが市場の変化や人口動態の変化等に適応できず苦境に立たされていますす。もはやギリギリの経営状態にもかかわらず、これまで何とかなってきたという根拠のない自信が、危機感を希薄化させているのです。

こういった企業に共通していることは、生存率の低さを認識しておらず、何とかなるだろうという甘さが社長にあることです。黒字を継続すること、企業を生存させることは、実に難しいことであり、創業してどれだけ時間が経過しても「5年で85%の企業は消えてしまう」ことを社長は忘れてはいけません。

「赤字・倒産・廃業は決して珍しいことではない」「創業しても5年以内に消えてなくなるのが当たり前」ということを念頭に経営しなければならないのです。

2 家計簿をつけ、家計簿を見るという当たり前の習慣がない

◇数字や財務を細かく見て、収入に見合った範囲で経営する

ビジネス系の雑誌やネットニュースを見ていると、家計の悩み相談を目にすることがあります。その中には、意外とも思える相談が掲載されていることがあります。

たとえば、大企業のエリートビジネスマン（旦那）が年収1000万円以上の報酬を得ていながら、車や外食に子供の学習塾、奥さんの趣味等がたたり家計は赤字……。「貯蓄を取り崩しながら生活しているが、この先どうすれば良いのか？」といった内容です。

サラリーマンの平均年収は400万円台です。普通に生活していれば、年収1000万円以上の高所得世帯がお金に困ることはないはずです。なぜ、これだけの収入がありながら、お金に困るのでしょうか。

こういった夫婦の共通点は、家計簿をつけていないことです。夫婦がお互いの財産や収支を把握していないが故に、散財に気づいていないのです。

このような相談に対し、ＦＰ（ファイナンシャル・プランナー）は、家計簿をつけるよう指導し、外食や夫婦の小遣いを見直し、保険や携帯電話のプラン変更等を行いながら、

家計の黒字化を進言します。

この話を読みどのように感じたでしょうか。実は、企業の赤字や倒産の原因もこの話の延長線上にあります。収入が1000万円なのか、1億円なのか、10億円なのか、規模は違いますが入ってくる売上（お金）に見合った支出になっていないことがどちらも原因なのです。

FPが家計簿をつけるようアドバイスするのと同様に、企業も損益計算書や貸借対照表といった収益・財務面を迅速・正確に把握し、収入に見合った範囲で経営しなければいけません。至極当然のことですが、規模が大きくなることで無駄に気づきにくくなり、必要のないお金を社外に流出しているのです。

収入が少なくとも、お金が貯まる家計はたくさんある

高所得世帯でありながらお金がどんどん減っていく家計がある一方で、サラリーマンの平均収入以下でありながら、着実にお金を増やしていく家計もあります。こういった家計に共通していることは、夫婦のどちらか（どちらも）がしっかりと家計簿をつけ、財布の紐をしっかりと締めていることです。収入に見合った生活をし、将来に備え着実に貯蓄や

投資に回しています。

企業も、売上ばかりを闇雲に追うのではなく、数字や財務をしっかりと管理し、常に黒字経営、お金が毎月毎年増える経営をしなければいけません。しかし、多くの企業は、その管理ができていません。経営の結果は、必ず数字に表れます。また、数字を見ずに経営することは闇の中に鉄砲を打っているようなもので、的を射た経営はできません。

中小企業の社長は、経営に専念している方が少なく、多くの場合はプレイングマネージャーとして、営業や製造を兼務しながら社長業をやっています。

そのため、現場の業務が忙しいことを理由に、数字のことをついつい後まわしにしているケースが多いです。つまり、日々の仕事に追われ、数字という本丸を見ずに経営しているのです。

3

数字に弱い社長の参謀は誰か

◇銀行も会計事務所も社長の真のパートナーではない

中小企業の社長は、日々の仕事に追われているだけでなく、そもそも数字が苦手な方も多いです。多くの方は、経理を経験し社長になったわけではありません。たとえば、勤めていた企業が倒産したので独立したとか、家業を急に継ぐことになったというように、起業の準備や勉強の機会を経て社長になったという方は少ないように感じます。

しかし、企業規模にかかわらず、社長であれば数字を理解し、経営に活用する能力が必要です。それに加え、社長に対して計数面、財務面からアドバイスしてくれる参謀ともいえる存在が必要です。

社内であれば、経理の方にその役割を担っていただく必要があります。しかし、大半の方は支払い手続きや請求書発行、会計ソフトの入力といった「作業」に多くの時間を割いています。経営面のサポートを積極的に行う経理社員は、かなり稀な存在です。

また、外部でその役割を担うのは、銀行または会計事務所ではないでしょうか。

決算書を預かる銀行と作成する会計事務所

社長にとって銀行は、あくまでお金を貸してくれる存在です。現状をありのままに報告し、頻繁に相談できる関係かと問われると、そうではないでしょう。

企業は銀行に良い報告をし、有利な条件で融資を受けたいものです。悪い報告でもしようものなら、融資条件が悪くなるリスクもあるわけですから、銀行に外部アドバイザーの役割を求めるというのは無理があるようにも思います。

銀行側も数多くの融資先企業があるため、特定の企業や社長に、多くの時間を費やし親身になってアドバイスできるかというと、難しいものがあります。

それでは、会計事務所はどうでしょうか。

会計事務所は、月次監査のために毎月企業を訪問し、伝票や試算表の作成・チェックを行います。期末になると決算書の作成依頼も請けているでしょう。つまり、会計事務所は企業の現状や課題をよく理解しているはずです。

だからこそ、計数・財務を駆使した的確な助言が可能であり、社長にとってかけがいのない唯一の存在・パートナーになることができます。

しかし、会計事務所は本当に社長のパートナーとしての役割を果たしているのでしょうか。

税務のプロ＝経営のプロではない

実は、当グループが創業した35年前から今もなお、多くの会計事務所がその役割を果たせていないと感じています。変化を嫌い、定型業務を制度・法規通りに遂行することしかできていません。つまり、税務のプロではありますが、経営のプロではないのです。

しかし、本当にそれでいいのでしょうか。商人の基本は、「顧客が店のためにあるのではなく、店が顧客のためにある」という考え方です。昔から税理士業界は、「顧客が店のためにある」という考え方を基本にしているように映ります。

今まさに、経営がひっ迫している企業や今後の経営について悩んでいる社長が、数多くいらっしゃいます。「店が顧客のためにある」という考え方に立脚すれば、困っている顧問先を経営面からサポートしていく必要があるのです。

こうしたことが行われていないのは、税理士法に基づく「独占業務」に税理士業界が守られているからです。

税理士法によって、税理士もしくはは税理士法人でなければ、税理士業務（税務代理、税務書類の作成、税務相談）を行うことができません（弁護士が国税局長に通知した場合等の別段の場合を除きます）。これに違反した場合には、2年以下の懲役又は100万円以下の罰金に処せられることとなります（税理士法第52条、同法第59条第1項第3号）。

この場合の税理士業務には、有料で行う業務も無料で行う業務も全て含まれるため（税理士の「無償独占業務」といわれます）、税理士ではない方が軽い気持ちで、無償で税務相談・アドバイス等を行った場合も、同法に触れることになります。

このように有償・無償問わず税務に関する個別具体的な相談や業務等を行うことは税理士しか許されていません。いわば「特権」です。「独占業務」の範囲内の仕事だけをやっていても、十分食べていける職業が税理士なのです。

そのため、経営相談・アドバイスという、独占業務から外れた仕事をあえてやる必要性はないと感じている税理士も多く、創業時から税理士業界の仲間からは「なぜそんな難しい仕事（＝コンサルティング）をするのか」というような疑問を投げかけられることが数多くありました。

こうした守られた世界（特権）の中にいることが、税理士業界の成長を止め、お客様本位とはいえない考え方になってしまっている原因だと感じます。他の業界では同業者との競争だけではなく、異業種との競争にも巻き込まれ、常に進化や変化を求められています。

そもそも自分たちが提供しているサービスが「本当にお客様のためになっているのか？」と、振り返ってみる必要があります。税理士仲間からは「顧問料が低下している」という話をよく聞きますが、お客様にとって「会計事務所のサービス価値」が下がってきているということの裏返しでしかありません。

同時に、社長が会計事務所に経営アドバイスまでは期待しておらず、経営アドバイスを行っている会計事務所があることさえ知らない場合もあります。顧客の会計事務所に対する「求めない姿勢」もまた、税理士業界にあぐらをかかせる一因となっているといえるのではないでしょうか。

4 受験者減少、高齢化……税理士業界の衰退が進んでいく

◇IT、AIに負けない価値を提供しなければ無くなる職業

相続の相談等、個人顧客を中心に業務を行っている税理士・会計事務所もありますが、多くの会計事務所は企業の税務顧問を中心に業務を行っています。そのため、企業数が増えるとマーケットが広がる業界です。現在は、人口も企業数も減少の一途をたどっており、縮小マーケットで戦うビジネスとなっています。

税理士と他の士業との「稼ぐ力」を比較すると、税理士は4番手（特許事務所、法律事務所、公認会計士が上位）であり、所得金額も平均で約744万円となっています（「週刊ダイヤモンド」2021年2月13日号参照）。

かつては資格さえ取れれば1000万円の収入があるといわれていた時代もあったようですが、今はそのような時代ではなくなっています。そして、呼応するように、税理士試験の受験者数も減少の一途をたどっています。税理士試験の受験者数は、2009年（5万1479人）から2019年（2万9779人）の10年間で42％も減少しています。

資格を取るための苦労と収入が見合っておらず、先の見通しが利かない、魅力のない職業

の一つになっているのです。

さらに、税理士業界は高齢化という問題にも直面しています。税理士の平均年齢は50歳代半ばで、60歳代以上が過半を占めている業界になっています。若年層が少ないことによる後継者不足をはじめ、近年ではM&Aなどの組織再編税務、国際税務、起業支援など顧客ニーズの高度化や多様化が進んでいます。

もっとも大きな変化を与えているのは「IT（情報技術）」と「AI（人口知能）」の進化です。「IT」「AI」の進化は、もはや業界の脅威であり、税理士という職業は、将来無くなってしまうのではないかとさえいわれています。

「IT」「AI」に負けない価値を提供しなければ無くなる職業

ITやAIは、その進化が早く、この先どんどん人の仕事を奪っていくといわれています。税理士業界も例外ではなく、その影響を大きく受けることになりそうです。税理士試験の受験者が大幅に減っていることは、この影響も大きいものと思われます。せっかく苦労して取得した難関資格も、ITやAIに取って代わられるようではその価値はありません。

オックスフォード大学の教授らが発表した、『雇用の未来』（2013年）に、このような記載があります。

「世にある702の職種・職業の中で、最もコンピューターにとって代わられる可能性のある12職種のうち3職種が、経理・データ入力・納税準備」

これらは、まさに会計事務所の主要業務です。

ＡＩは専門的な知識を必要とする作業や、繰り返しのパターンがあるデータ解析を最も得意な領域としています。そして、会計業務は、個別の経済的な取り引きを専門的な知見から分類しつつも、90％を超える業務が反復して行われます。つまり、ＡＩの最も得意とする領域なのです。

ＡＩの処理能力は、成長することはあっても後退することはありません。常に精度を上げ続け、これまでの帳簿の特性を読み込み、24時間休まず金融機関や電子決済のデータを分析し続けることが可能です。経理処理の代行ばかりをやっている会計事務所は、その必要性を失いどんどん廃れていくことになるでしょう。

野村総合研究所が2015年に発表した「人工知能やロボットで代替される可能性が高い100種の職業」と、反対に「人工知能やロボットで代替される可能性が低い100種の職業」の中には、代替可能性が高い職業として「会計監査係員」、代替可能性が低い職業には「経営コンサルタント」と、記載があります。

このような変化が予想されている以上、その変化に対応していかなければなりませんが、これまで定型的な処理業務になれてきた会計事務所は、取り組もうと思っても簡単に取り組めるものではありません。

会計事務所は固定収益の基盤が厚いことが最大の強みです。しかしながら、この強みが最大の弱点にもなっているのです。

顧問報酬や決算報酬という定期的な固定収益が約束されているだけに、「変化する力」「進化する力」が非常に乏しいのです。特に、高齢の税理士はこの傾向がさらに顕著です。

これからは「過去の数字の集計」の価値はどんどん下がっていきます。単なる集計のみであれば、報酬の安い会計事務所を求めるのは当然です。この時代の変化は止めようがありませんし、付加価値を提供する努力を怠ってきた会計事務所は、この先大きなツケを払うことになるでしょう。

「税務のアドバイスができる会計事務所」ではなく、「経営のアドバイスができる会計事務所」こそ、求められる時代になっているのです。

5 経営は計数、「商売ではなく、経営をしなさい」

◇社長の「健全な価値観を育てる」のが会計事務所の大きな責務

会計事務所が行う経営アドバイスとは、どのようなものでしょうか。

社長の悩みを聞き、計数をもとに物事を考え、計数から経営判断することを習慣づける。いわば計数を軸としたコンサルティングこそ、会計事務所が行う経営アドバイスといえます。

業績の悪い企業に共通する弱点は「計数に弱い」ことです。計数に強い社長・社員がいれば、企業は必ず改善することができます。

これは、どの会計事務所でも行えるコンサルティングです。ところが、どの会計事務所もコンサルティングに踏み切りません。定型業務のみでも安定的な固定収益が約束されているということ、そして業界の保守的な体質がその背景にあります。サービス業は、常に顧客のためになることをしなければ顧客から見捨てられてしまいます。

当グループが創業から一貫して心がけ、伝えてきたことは「経営と商売は違う」ということです。

「経営は利益を追うこと」であり、「商売は売上を追うこと」です。赤字企業の多くに共通することは、外部環境が劇的かつ急速に変化しているにもかかわらず、過去の成功にとらわれ、売上を追い求めて商売をしていることです。

儲からない企業は管理がずさんであることや、いい加減な社員を許すなど、問題を解決することなく売上のみを追い求めています。そうした企業には「商売、つまり売上ばかり追求しても資金増加には繋がらない」と警告しています。

その理由は、売上を追い求めることで、新規顧客や取引実績の少ない先との取り引きが増え、貸し倒れリスクが高まるからです。さらに、在庫の増加、債権の増加で資金回収までの期間が長期化します。そのためキャッシュ不足になり、金融機関からの融資で納税するという悪循環に陥ってしまうのです。倒産する企業の多くは、このケースに陥っています。

会計事務所には「健全な価値観を育てる」責任がある

好景気のときに、「納税資金がもったいない…」と過大な役員報酬や投資で節税してきた社長は、今その大きな代償を払っています。「儲けること」ばかりに注視し、「儲けたお金の使い方」に無頓着だったため、コロナ禍で資金繰りがひっ迫しているのです。その当時のお金さえ残っていれば…と思わずにはいられません。

皮肉になりますが、今となっては資金過剰なのは役員報酬を多く取ってきた社長の奥様の懐だけではないでしょうか。資金が不足すれば金融機関から借りれば良いといっていた社長も、金融機関の与信格付が資金調達の壁となって立ちはだかります。過去の投資で財務を大幅に圧迫している遊休不動産があったり、不良債権を抱えて自己資本比率が低下している企業は、与信格付が低く融資が下りません。過去に資金の運用を誤り、現在においては連続赤字から脱却できず、格付は改善されないため「廃業」「倒産」に追い込まれてしまうのです。会計事務所の指導の功罪ではないでしょうか。

「貸借対照表には、経営者の生き様が表れる」といわれています。税務・会計に携わる会計事務所は、景気にかかわらず正しい価値観を持って社長を導く役割も担っているはずです。

「経営者のお金の使い方」「増資で資金を残す」

経営アドバイスができる会計事務所が増えれば、数多くの赤字企業も救えると確信しています。

しかし、最も問題なのは、企業を赤字のままにして、納税できないことに問題意識がない会計事務所があることです。赤字や倒産の恐怖を説き、赤字会社を黒字化するのも、創業から倒産・廃業まで、経営者の苦しみを知っている会計事務所の役割のはずです。

そして、経営アドバイスをする以上、常に自社が「見本」とならなければならないのです。自社が見本にならずして、経営アドバイスはできません。自社内で実践し、生まれた成果や効果をお伝えするのです。

顧問先の社長には増資して企業に資金を残すよう伝えていますが、当グループが全国展開を実現できたのも、東京に自社ビルをいくつも保有することができたのも、長年にわたる増資が基盤となったためです。

特に、借入しなければ法人税を納付できないような企業は、経営者が役員報酬から増資を繰り返す以外、特効薬はないと考えています。

増資は企業の資金となり、自己資本比率の配点が高い金融機関の与信格付に大きなインパクトを与えます。増資は社長自身のお金の使い方を改めさせるのに最適です。

経営に対する厳しい姿勢や価値観は、「増資によって買う」ことができるのです。

第2章

節税が会社をつぶす

1 経営はマラソン、「マサカ」に備える

◇資金が潤沢な企業を作らなければ経営を維持できない

経営には、上り坂と下り坂、そして「マサカ」という坂があります。このマサカで、「まっさかさま」に落ちていき倒産する企業が数多くあります。前述しましたが、創業しても5年以内に大半の企業がなくなります。

多くの企業のように短命で終わりたくなければ、大きな谷や想定外の事態にも対応できる企業を作らなければいけません。新型コロナウィルス感染症は、まさに「マサカ」に備えた経営の重要性を教えてくれているのではないでしょうか。

多くの企業がコロナ禍の影響を受けていますが、観光業・ホテル業は特に大きなな影響を受けた業種の1つです。

コロナ前、観光業・ホテル業はどのような業界だったのか振り返ってみたいと思います。

2017年の訪日外国人旅行者の数は、2869万人でしたが、その数はなんと2011年の約4倍にのぼります。政府は観光政策を重要視し、2020年の東京オリン

ピックまでに訪日外国人旅行者を4000万人まで増やすことを目標としていました。旅行者が多くなることで以前から不安視されていたのが、ホテル不足・宿泊施設不足の問題です。東京オリンピックの開催期間中は、外国人を含め1000万人もの観光客が押し寄せることが期待されており、ホテルの客室は4万4000室不足するといわれていました。

しかし、新型コロナウィルス感染症は、これまでの想定を根こそぎ吹き飛ばしてしまいました。

2020年1月の訪日外国人旅行者数が266万人に対し、その3ヶ月後の4月には2900人にまで落ち込んでしまったのです。観光業・ホテル業の社長は、「マサカこのようなことが起こるとは…」と感じたはずです。「うちの業界はここまで影響がなくて良かった」と対岸の火事として捉えるのではなく、どのような業界でも「マサカ」は起こり得るのだということを、教訓として学ぶべきではないでしょうか。

新型コロナウィルス感染症がいつ収束するかはわかりませんし、さらなる未知の感染症が発生するかもしれません。異常気象ともいえる大規模な自然災害や、諸外国との政治リスク、サイバー攻撃（情報流出）、SNSの発展等もリスクの要因であり、経営に打撃を与えかねません。一従業員の悪ふざけ動画が大きな炎上を招き、企業に大損失を与えたニュースも記憶に新しいかと思います。

これまでの常識や、かつては考えも及ばなかったリスクを企業が突然背負わなければならないなど、将来の予測が困難な時代になっているのです。企業はいついかなる時も「マサカ」に備えたリスク管理をしなければなりません。

そのためにも、資金が潤沢な企業を作っておかなければ、継続的に経営を維持することはできないことを社長は忘れてはならないのです。

2 間違った節税～保険商品を活用した節税

◇よくある「資金の支出をともなう」節税

企業は1年間経営活動を行い、業績をまとめ、その利益を基に税金を計算します。これを決算といい、多くの企業は決算業務を会計事務所に依頼しています。

また、毎月業績をまとめてもらい、決算を迎える前に、今期は利益が出るかどうかを把握しながら、期中から節税対策を行っています。

なぜ、節税対策が必要なのか。

企業は1年間の利益に対して税金を支払う義務があり、利益が多ければ多いほど、支払う税金も増えていきます。この税金の支出は、資金を減らす要因になります。そこで、社長は、法律の範囲内で利益を圧縮し、税金の支出を減らす行為（節税という）を行います。法律の範囲を逸脱して行われる利益の圧縮行為は、「脱税」と言われ、悪質な場合は刑事罰もあり得るため、絶対に行ってはいけません。

では、節税にはどのようなものがあるのでしょうか。具体的なよくある節税について、その内容と効果をいくつかあげていきます。

保険商品を活用した節税例

節税といわれて真っ先に思い浮かぶのが、保険を活用した節税ではないでしょうか。世の中には数多くの保険商品が存在し、常に新しい商品が誕生しています。その中には節税に特化した商品も存在します。

保険を活用した節税とはどのようなものなのか、具体的な数字を使って説明します。

【事例】

A社は社長の退職金積立のため、社長を被保険者にした40頁のような保険に加入しました。

このような保険の場合、費用になるのは支払った保険料のうち6割です。残りの4割は積立金として、資産計上されます。そのため、毎年600万円が費用となり、400万円が資産になります。

これを返戻率のピークである10年後まで継続した場合、積立金の合計金額は4000万円となります。このタイミングで保険を解約した場合、7000万円の解約返戻金が入金されます。ただし、7000万円のうち4000万円は積み立てた資産と相殺されます。よって、収益として認識されるのは3000万円となります。保険を解約した時は、この3000万円に対して税金がかかってきます。

しかし、このタイミングで社長が退職し、退職金3000万円が費用として計上されると、この収益と相殺されることとなり、利益は0円となります。つまり、税金も0円で7000万円の解約返戻金を受け取ることができるのです。

この保険商品を活用した節税のポイントは次の2つです。

●10年間保険料を支払い続けること

●解約返戻金が入金されるタイミングで退職金など、相殺する費用を計上すること

保険料を支払い続けることができるのか、解約返戻金の出口戦略はどのようにするのか、加入前にしっかりと計画を立てて、節税を行う必要があります。

■事例「保険を活用した節税」

A社が、社長の退職金積立のため、
社長を被保険者にした以下の保険に加入した。

【保険の内容】
・定期保険
・最高返戻率 70%
・返戻率のピークは 10 年後
・保険料年額1,０００万円
・ピーク時の解約返戻金7,０００万円
・社長は 10 年後に退職予定、退職金３,０００万円支給予定

X01 年度	X02 年度		X09 年度	X10 年度
資産累計額 400 万円	資産累計額 800 万円		資産累計額 3,600 万円	資産累計額 4,000 万円
費用額 600 万円				解約払戻金 7,000 万円
				利益計上額 3,000 万円

600 万円が毎年費用として計上される⇒毎年 600 万円の利益が圧縮される

解約戻金と資産累計額の差額が利益として認識される（3,000 万円）
しかし、ここで退職金などの費用を計上することによって、利益を相殺することで、無税で 7,000 万円の資金を入手することができる。

3 間違った節税～設備投資を活用した節税

◇少額減価償却資産の特例を活用した設備投資

少額減価償却資産の特例とは、設備投資した価額が30万円未満であれば、支払った金額の全額を期中に費用計上できるというものです。

設備投資というと、機械装置や車両の購入等、多額の支出をともないます。このような場合、固定資産計上されます。

固定資産計上とは、支払った金額が費用になるのではなく、一旦全額資産に計上することをいいます。一気に費用計上しないのは、利益は1年間に区切って、決算を通じて計算されます。しかし、設備投資のように支払ったあと、長期間にわたりその投資の効果が利益に影響を与える場合、正しく利益に反映させるため、その期間に応じて費用化するほうが、適切であると考えられているからです。そのため、その取り引きに応じて決められた期間（法定耐用年数）で費用化（減価償却）します。

10万円を超える買い物（設備投資や資産の購入）は原則的に固定資産計上し、法定耐用年数に応じて複数年にわたり費用化する必要があります。

■少額減価償却資産の特例を活用した設備投資

設備投資した価額が 30 万円未満であれば、支払った金額の全額をその事業年度に費用計上できるという特例。特例の適用対象は、資本金額が 1 億円未満かつ常時使用する従業員の数が 1,000 人以下の法人。

購入価格
24 万円

原　則	
1 年目	12 万円
2 年目	6 万円
3 年目	3 万円
…	

↓

複数年にわたり費用計上

少額減価償却資産の特例	
1 年目	24 万円
2 年目	0 万円
3 年目	0 万円
…	

↓

1 年目で全額費用計上

※減価償却の詳細は割愛します。

しかし、特例を適用できれば、その事業年度に全額費用計上することができ、利益を圧縮することができるのです。たとえば、新品のパソコンを24万円で購入した場合、毎期減価償却費として計上する方法と、少額減価償却資産の特例により購入した時に全額費用計上する方法を選ぶことができます。

中古資産の購入も節税対策の対象

少額減価償却資産の特例を、中古資産の購入に活用することはとても効果的です。なぜかというと、中古資産は法定耐用年数が短いからです。

次頁の図のように、中古資産の減価償却期間は法定耐用年数から使用期間を差し引いて、合理的に見積もった年数を用います。

これ以外にも中小企業倒産防止共済や中小企業退職金共済への加入、短期前払費用の計上等、多種多様な節税対策があります。

共通していることは、支払った金額をどれだけその事業年度に費用として計上できるかということです。つまり、節税とは資金を支出することで費用を計上し、利益を圧縮することで、支払う税金を減らすことなのです。

中古資産の購入は節税対策に効果的！

■中古資産の耐用年数

- **法定耐用年数を既に経過している場合の年数**
  法定耐用年数の20%

- **法定耐用年数の一部が経過している場合の年数**
  [法定耐用年数 − 経過年数] ＋ [経過年数の20%]

※１年未満の端数は切り捨て、計算結果が２年未満の場合は２年となる

Point!

たとえば、７年落ちの車両を購入した場合、法定耐用年数が６年だと、耐用年数は２年になります。２年の場合、償却率は 100%ですので全額計上されます（事業年度の途中で購入した場合は、月割計算します）。通常の新品よりも費用化が早いため、節税対策として用いられます。

4 間違った節税～「税金」から見た節税

◇無駄に費用を計上するほど資金繰りは悪化する

節税対策は資金の支出をともなうことが共通点として見えてきました。では、どれぐらいの節税効果が見込めるのか、税金から見た節税について確認しましょう。

次頁の図のD社の場合、節税費用1000万円を支払うことにより、支払う税金を900万円から600万円まで減らすことができました。1000万円の費用を支出しても、1000万円の節税にはなりません。それは税金が利益を基に計算されているからで、税金は利益のうち、税率分だけかかります。そのため、費用の支出の効果も税率分しか反映されません。1000万円支払っても300万円しか節税効果が出ないのはそのためです。

節税とは、安くなる税金以上にお金を支払わなければならないということです。税金を安くしたいがために無駄な費用を計上すると、資金繰りに影響を与えます。必要な設備投資や将来の退職金積立など、その支出が将来的に利益をもたらすものであれば良いのですが、無駄な費用計上は企業にとって逆効果となります。

【事例】D社の節税効果は？

（単位：万円）

■利益計算

【損益計算書】

売上高	10,000
売上原価	4,000
売上総利益	6,000
人件費	1,000
その他販管費	2,000
営業利益	3,000

【税金計算】

利益	3,000
税率	30%
税金	900

■費用反映

【損益計算書】

売上高	10,000
売上原価	4,000
売上総利益	6,000
人件費	1,000
その他販管費	2,000
節税費用	1,000
営業利益	2,000

【税金計算】

利益	2,000
税率	30%
税金	600

【節税効果】

節税前	900
節税後	600
節税効果	**300**

節税費用　1,000 万円 ×30%

Point!

節税費用 1,000 万円を支払うことにより、支払う税金を900 万円から 600 万円円まで減らすことができました。
節税効果は、支出した費用 × 実効税率で算出できます。
節税費用 1,000 万円 × 30% ＝ 300 万円

5 間違った節税～「資金」から見た節税

◇資金から見ると、節税をしない方が手元に多くの資金を残せる

節税には資金の支出がともなうこと、支出した資金が全額節税されるわけではないことを、例示を交えながら解説しました。

ここでは、節税を税金ではなく、資金の面から見たときはどのようになるのか、先ほどのD社の例示で確認してみましょう。

仮に、D社の節税前の現預金残高が8000万円だとしましょう。

「節税なし」の場合、納付税額は900万円のため、納付後の預金残高は7100万円となります。

「節税あり」の場合、節税費用で1000万円支出し、さらに納税で600万円支出するため、預金残高は6400万円となります。

つまり、**節税をしないほうが翌期に資金を多く繰り越せる**のです。

納税額を抑え資金の流出を防ぐために節税を行いますが、節税によって失われる資金の

【事例】D社の預金残高は？

【節税なし】　（単位：万円）

預金残高	8,000
納税金額	900
納税後預金残高	7,100

「節税なし」の場合、納付税額は900万円なので、
納付後の預金残高は7,100万円。

【節税あり】　（単位：万円）

預金残高	8,000
節税費用	1,000
納税金額	600
納税後預金残高	6,400

「節税あり」の場合、節税費用1,000万円を支出し、
さらに納税で600万円支出。
預金残高は6,400万円（8,000万円－1,000万円－600万円）となる。

【節税効果】　（単位：万円）

節税なし預金残高	7,100
節税あり預金残高	6,400
預金残高の差異	**700**

→ **節税により失われた資金**

Point!

預金残高は「節税なし」で 7,100 万円、「節税あり」で 6,400 万円になる。よって、「資金」から見ると、節税をしないほうが翌期に資金を多く繰り越せるので、節税をしないほうが良いという結果になる。

存在を忘れてはいけません。

社長の顧問税理士はどのように節税を提案していますか。節税により、資金がどのくらい減るのか、そこまで教えてくれていますか。おそらく、節税による資金面の影響については説明がないはずです。

資金という観点が抜けた節税は逆に企業を苦しめる可能性があります。その支出の将来的価値や意味、節税効果、減少する資金などを総合的に勘案した上で、正しい節税を行う必要があるのです。

残念ながら、多くの社長は、「節税」という言葉を妄信し、資金面を見ることなく判断しています。その結果自分の首を絞めていることに気づいていないのです。

6 やるべきは「資金を無意味に減らさない節税」

◇資金を減らす「節税」という落とし穴にハマらない

誤解しないでいただきたいのですが、節税が悪いということをいいたいわけではありません。その節税のための支出が将来的な利益につながるものであれば、投資という側面からも価値があるものです。しかし、単純に税金を少なくするためだけの節税は、費用の支出に加え、納税の支出も発生することになります。

感情的に、納税＝嫌という方は多いと思います。納税したからといって、新規顧客は獲得できませんし売上も伸びません。社員のモチベーションも上がらないため、ムダ金に感じるからです。

だからといって、納税しないわけにもいきません。納税しないと最終的には差押えなどにより、強制徴収されます。銀行からの融資も受けられなくなります。

そのため、最小の納税に留めるために「節税」という方法を取るのです。しかし、前述のとおり、**節税は節税額以上に資金を支出する**のです。

今、この瞬間の税金を安くするために行う節税が、今後の企業にとって本当に活きる節税なのか。今一度、検討する必要があります。

社長がやるべき節税

では、社長が行うべき節税とはどのようなものでしょうか。

簡潔にいうと「**資金を無意味に減らさない節税**」です。いくつか、具体例を紹介しましょう。

◎所得拡大税制の利用

いきなり難しそうな制度の名前を出してしまいましたが、この制度は、今年度の人件費（役員やその親族等は除く）が昨年度の人件費を上回っていれば、税金から一定額を控除するという制度です。

節税は利益が出ている企業が行うものです。業績が伸び、頑張った社員たちに昇給や賞与で還元してあげれば、モチベーションは上がりますし、その支出は税額控除として節税につながります。

さらに、税額控除のため利益を減らすのではなく、直接税金を減らすため二重に節税効果があります。

所得拡大税制を利用した節税

所得拡大税制のイメージ

【損益計算書】　(単位：万円)

売上高	10,000
売上原価	4,000
売上総利益	6,000
人件費	1,000
その他販管費	2,000
営業利益	3,000
当期純利益	3,000
税金（30%）	900
税額控除	**25**
納付税額	875

←去年より一定額以上増えていた。
①経費が増えたことにより、利益が減少
⇒納付税額減少。

②所得拡大税制により、税額控除が適用される。
⇒納付税額をさらに減少。

①人件費が増えるので、利益を減らし、税金を減らします。
②所得拡大税制により一定額が税金から控除されるため、さらに納付する税金を小さくすることができる。

業績が良く、給与を増やしたという企業、増員し人件費が増加した企業であれば使わない手はないでしょう。

◎不良在庫の廃棄

まず不良在庫を出さないことが一番大切ですが、もし倉庫の中で眠ってしまっている在庫があれば、それは廃棄することで、**廃棄損**として損失を計上することができます。損失ですので、利益を少なくすることができ資金は支出されません。つまり、資金を減らさずに利益を少なくすることができます。余談ですが、廃棄するときは、業者に依頼するなどして廃棄したことがわかるような証拠を残すようにしたほうがよいでしょう。在庫は商品ですので、もしかしたら隠れて販売したのではないかと税務調査で疑われる可能性があります。売ったのではなく、廃棄したことがわかるような証拠（廃棄証明など）をしっかりと残しておくことをおすすめします。

もし、業者などに依頼せずに廃棄する場合は、廃棄した際の写真を撮って、廃棄日と廃棄した在庫リストとともに保存しておくとよいでしょう。

以上のように、資金を減らさずに上手な節税を行いましょう。

7 税金の繰り延べが会社をつぶす

◇資金の減少を将来に繰り越すことになるため倒産リスクも

税金を将来へ繰り越す

税金は1年間の利益に対して課税されます。つまり、利益が翌期以降に繰り越された場合、税金も翌期以降に繰り越されます。

利益を繰り越すとはどういうことでしょうか。たとえば、よくある節税の例示の中で出てきた「保険」です。

保険は、毎年保険料（費用）を支払い、解約時に解約返戻金（収入）が戻ってきます。先に費用を計上し、あとから収益が計上されるのです。保険料を払っている期間は費用が計上されるため、利益は圧縮され税金も減ります。そして、解約をした時に支払っていた費用がまとまって収益として戻ってくるため、その事業年度の利益が増額して税金が増えます。

このように税金のかかる時期を先送りすることを「**課税の繰り延べ**」といいます。

1年単位で見れば、税金が少なくなるため確かに節税にはなりますが、この税金は将来支払うことになるのです。

税金を将来に繰り越すということは、資金の減少を将来に繰り越すことです。将来、税金を支払うときに資金があれば良いのですが、未来のことは誰にもわかりません。もし、将来資金がなくショートしてしまったら、企業は倒産してしまいます。

資金を減らす要因を将来に繰り越すことは大変危険です。

利益を繰り越すことは資金を繰り越すこと

課税の繰り延べとそのリスクについて紹介させていただきましたが、どのようにすれば翌期以降に資金を繰り越せるのか。それは、資金の支出を最小に抑えることです。そして、資金の支出を最小に抑えるためには、無駄な節税を行わないことです。

無駄な節税を行わないことで、資金の支出を抑え、翌期へ資金を残すことができます。

目先の得より将来の資金

ここまで、節税という行為を税金と資金の2つの側面から見てきました。節税は、その事業年度に支払う税金を少なくできるため、資金の減少を抑える行為のように捉えられますが、実際は節税のために支出される資金もあり、資金を減少させます。

資金に着目した経営を行うのであれば、今支払う税金を安くするためという、安易な理由で節税対策を行わず、1円でも多くの資金を将来へ繰り越すことが重要です。

利益が出ているとき、社長は「今得をするために行う節税」が資金の減少を引き起こす要因になっているとは思っていません。得をするために行ったことが実際は資金を減らしているのです。

倒産を目的に経営している企業はないでしょう。存続し、長く続いていくことを前提に経営活動を行っています。このような前提を会計用語で「ゴーイング・コンサーン」といいます。

継続企業を前提として財務諸表は作られており、資産の評価などに影響を与えます。「長く続く企業」を作るためには、1円でも多くの資金を残し、資金を増やし、資金を活かしていかなければなりません。目先の損得で判断するのではなく、資金から考えた判断を実行していくのです。

8 節税が招く倒産の危機

◇経営は、資金が増えれば勝ち、資金が減れば負け！

会計事務所を経営していると節税の相談を多く受けますが、節税をすると資金は減少するということを忘れてはいけません。

「キャッシュ・イズ・キング（＝現金は王様）」という言葉があるように、資金があれば企業は倒産しません。仮にお客様が1人も来なくても、手元に充分な資金があれば人件費や経費も払えます。嵐が来ても過ぎ去るのを待つことができるのです。

経営は、資金が増えれば勝ちであり、資金が減れば負けというシンプルな考え方がとても大切です。節税に力を入れている社長は、「税金」を減らすことに頭がいき、肝心の「資金」が減っていることに気づいていません。

節税に力を入れている企業は、手元資金もなければ、内部留保がないため自己資本がありません。そのため、「銀行依存の経営」に陥りがちです。

銀行が融資をしてくれているうちは企業を継続することができますが、業績がいざ厳しくなると、銀行は簡単に「そっぽ」を向いてしまいます。

自社が「銀行依存の経営」なのかを判断する２つの指標

◆借入金（有利子負債）月商倍率

$$\frac{\text{短期借入金}+\text{長期借入金}+\text{社債}}{\text{売上高}\div\text{月数}}=\boxed{\text{有利子負債月商倍率}}$$

一般的に、有利子負債が月商の3ケ月以内であれば毎月の借入金の返済負担はそれほどではない。月商の3ケ月を超え6ケ月くらいになると資金繰りを圧迫し、借入金の返済が困難になってくる。有利子負債は月商の3ケ月以内に抑えておくのが一般的には無難。

◆（年間）支払利息及び支払利息売上高比率

$$\frac{\text{年間の支払利息}}{\text{年間の売上高}}=\boxed{\text{支払利息売上高比率}}$$

この比率が高い場合、支払利息が多いことを意味する。営業利益率と比べてみて、この比率が高いと経常利益が赤字になる可能性がある。支払利息を営業利益で賄えない企業を、国際決済銀行（BIS)は破たん予備軍として「ゾンビ企業」と定義している。

仮に皆さんが銀行側の立場だったとしても、自己資本のない社長にお金を貸すかというと、貸したくないと思うのではないでしょうか。決して銀行が悪いわけではないのです。手元資金は薄く、銀行の評価も高くはないのですから、こういった経営をしていけば倒産の道を歩んでいくのは当然です。まさに「**節税が会社をつぶす**」のです。

自社が「銀行依存の経営」なのか否かを判断するうえで、2つの指標を参考にすると良いでしょう（前頁図参照）。

2つ目の指標の「支払利息及び支払利息売上高比率」について、営業利益で支払利息を賄えないということは、銀行のために商売をしているようなものです。

東京商工リサーチ『2020年「倒産企業の財務データ分析」』によると、生存企業の営業利益支払利息率は59・2％と営業利益で賄えている一方、倒産企業は253・6％と、支払利息が営業利益を大幅に上回る異常値となっています。要因は、営業利益の減少も考えられますが、過剰債務による金利負担増の影響も考えられます。

9 倒産する企業の半分は「黒字倒産」という現実

◇「経営は売上ではなく利益だ」というのは本当か

「経営は売上ではなく利益だ」

と昔からいわれています。

よく知られている言葉ですが、利益が出たからといって必ずしも資金が増えるわけではありません。しかし、利益が出れば同じだけ資金も増えると勘違いしている社長も多いのが現実です。

たとえば、利益が出ていても、手元にあるのは「在庫」かもしれないのです。しかし、税金は「在庫」で払うことはできず、手元の資金から払います。

多くの社長は、倒産する企業は赤字だと思っているようですが、実際には赤字で倒産している企業ばかりではなく、黒字倒産の企業も多くあるのです。黒字倒産は、損益計算書上では黒字の状態、つまり利益が出ている状況であるにもかかわらず、資金繰りの関係で倒産してしまうことを指します。

黒字倒産は、実に倒産企業の半分にものぼります。つまり、利益が出ていようが出ていまいが、実は倒産しているということを多くの社長は理解しなければならないのです。「経営は売上ではなく利益だ」ではなく「経営は売上ではなく利益でもない。資金だ」と考え、資金が残り、増える経営を実践しなければなりません。

創業100年企業から学ぶリスク管理の重要性

コロナ禍の影響を受け、資金繰りに大変苦労している企業が多くあります。

東京商工リサーチ（2020年5月1日）がコロナの影響が出てきた中、「現在の状況が続いた場合、何ケ月後の決済（仕入、給与などの支払い）を心配されますか？」というアンケートを実施しました。中小企業の39・3％（3957社中、1558社）は「3ケ月以内」と回答し、「1ケ月以内」は、何と5・3％もあったそうです。

一方で、創業100年以上を超える企業の経営者に「現在の資金繰りで会社をどの程度の期間をもたせられるか？」というアンケートを実施したところ（95社回答）、27・2％が「2年以上」と回答し、32・7％が「1年」と回答しています。「6ケ月」も含めると8割の企業が当面の資金繰りに目途をつけているという結果になったそうです（日経ビジネス「コロナ禍対応、100年以上の長寿企業は資金繰りに先手」2020年5月25日参照）。

創業100年以上を超える企業は、自己資本・手元資金を厚くしており、嵐が過ぎ去るのを待つことができます。コロナ禍で経営状況が厳しくなったとしても、乗り越えられるようしっかりと準備しているのです。

過去にも多くの経済的な打撃を乗り越えてきた100年企業だからこそ、資金が無いことの怖さ、その重要性を理解しているのです。倒産しない企業になるための教訓を教えてくれているのではないでしょうか。

第3章

資金を軸にした経営

1 自己資金がいくらあるかを把握しているか

◇重要なことは、自己資金が増えたのか減ったのか

企業にとって資金とは、人間の血液にたとえられます。

社長は常に資金の調達と運用を行い、さらなる資金を生み出すために知恵を出したり、工夫をしなければなりません。

しかし、セミナーや勉強会で「自社の資金がどのくらいあるか」と社長に伺ってみると、把握している方は驚くほど少ないです。自分の「家計」のことを考えてみれば、預金がどのくらいあり、自分の財布にどのくらいの現金が入っているかは大よそ把握されているのではないでしょうか。借入をすれば現預金残高は増え、借入を減らせば現預金残高は減少します。つまり、現預金と借入金はコインの表と裏の関係なのです。

当グループでは、現預金から借入金を差し引いた、本当の自社の資金を「自己資金」と呼んでいます。まずは、自己資金がいくらあるか、先月と比較して増えたのか減ったのかを把握しましょう。

たとえば、ある月に借入金を約定通り100万円返済したとします（自己資金はプラス

100万円)。返済したので現預金は100万円減少(自己資金はマイナス100万円)、差し引いて当月の自己資金は「プラスマイナス0」になります。

「返済した額以上に現預金が増えていた」、「借入した以上に現預金が増えていた」という場合、自己資金はプラスになります。

逆に、「返済した額以上に現預金が減っていた」、「借入をした額ほど現預金が増えていない」のであれば自己資金はマイナスとなるわけです。

毎月、資金の状況を確認すると、思っている以上に「資金が動いている」ことを実感できるはずです。もしかすると、1ケ月間休日を返上して働いたにもかかわらず、資金が増えていないことに虚しさを覚えるかもしれません。今まで経理任せにしてきた仕入れ(支払い)の大きさや税金の金額に衝撃を受けるかもしれません。

こうした積み重ねの中から、資金を増やす知恵や創意工夫が生まれてくるのです。まずは、2期間の決算書を机に並べてみて、「現預金」の残高と「借入金」の残高を書き出してみてください。すると、その1年間の自己資金の推移がわかります。

ちなみに「現預金」より「借入金」が多いと、自己資金はマイナスになりますが、「マイナス」自体が悪いことではありません。自己資金がマイナスの上場企業もありますし、業績が良い企業もたくさんあります。

重要なことは、自己資金の推移です。

この一年間が自己資金を「増やした経営」だったのか、「減らした経営」だったのか、まずは把握しましょう。

余談ですが、過去の我々の書籍を読んでいただいた方と、お話しする機会がありました。「本に書いてあることをただ忠実にやっていたら、本当に資金が増えました。しかも売上が下がっているのに」といった声をいただきました。

経営の成果を「資金」で計ること、これに尽きるのだと思います。

私は、資金を増やすことはダイエットと同じであると伝えています。

「○○を食べる・食べない」「運動する・しない」など、やり方はいろいろあると思いますが、究極の秘訣は「毎日、体重計に乗ること」です。食事でも運動でも、なんでもいいのですが、「毎日、体重計に乗ること」で、その日の振り返りになります。

そして体重増加の原因を見つけたら、徹底的に対策を打ちます。

資金の増やし方も一緒です。「自己資金がどうなっているか」を毎月振り返る。そして、減った要因・増えた要因を振り返り、徹底的に対策を打つ。

実際に資金を増やすことに成功した社長に伺うと、皆さん例外なく実行されています。

自己資金がいくらあるかを先月と比較してみよう

■自己資金の考え方

現預金 △100万円 − 借入金 △100万円 ＝ 自己資金 ±0

〈考え方〉

①現預金と借入金の残高を、先月末と当月末で比較しましょう。

②借入金を 100 万円返済したので現預金も 100 万円減少した。自己資金は ±0になるという考え方。

返済額以上に現預金が増えた・借入金額以上に現預金が増えた
→自己資金はプラス

借入をしたが、その額ほど現預金が増えていない・借入返済以上に現預金は減っている
→自己資金はマイナス

資金が増えなければ企業は存続できないという当たり前のルール

先日お会いした社長の話の中で興味深いことがありました。惣菜を製造販売する企業で、創業当初より、売上・利益共に順調に伸ばすことができたそうです。

その後、ノウハウを展開する形で事業所を増やし、効率化するための設備投資なども惜しまなかったそうです。しかし、事業所が4つになり2年目を迎えたころ、事業所の一つが予算割れをするようになり、月によっては営業赤字になることもあったそうです。その事業所の売上シェア率が高いこともあり、全社の利益もじわりじわりと減少。

セールなどの集客合戦で乗り切って売上自体は前年と同様をキープするも、設備投資にともなう借入金の返済が重くのし掛かり、資金繰りは苦しくなっていきました。

単一の事業所なら、社長本人がべったりと付いて改善に乗り出せるものの、常に付いているわけにもいかず、今後の方向性が見えてこないという話がありました。

私は、そのようなことが起きている企業は「倒産予備軍」であると断言します。売上ばかりに目を向けている企業は、資金は増えません。

その問題の根本は「資金繰り」なのです。

倒産の悲劇を回避する方法は、収益性を確保することだけではありません。資金を残すことはそれ以上に重要なことなのです。しかし、そのことに気づいている社長は、驚くほど少ないです。

セミナーや勉強会で、「先月の売上や利益がいくらでしたか？」と伺うと、ほとんどの社長は答えられます。しかし、「今手元の現預金はいくらありますか？」、「借入金の残高はいくらありますか？」と伺うとどうでしょう。個人の体感値ではありますが、回答できる方は全体の３割以下です。

つまり、損益＝損益計算書科目については答えられるのに、財務＝貸借対照表科目については社長といえども途端に弱くなります。さらにキャッシュフロー計算書まで話が及ぶと、中小企業でそこまで作っている企業は極めて稀です。

ここで気づいていただきたいのは、企業の資金の流れが記載してある貸借対照表を読み解ける社長は驚くほど少ないということです。

お金の流れを正しく掴まずに経営をすると、簡単に倒産の道を歩むことになるのです。

2 黒字倒産の原因は運転資金

◇利益が出ているのに運転資金の増加で資金繰りが回らなくなる

企業は、営業上入ってくるお金（売掛金など）と、これから支払うお金（買掛金など）の差額を立て替える必要があります。当グループでは、その立替金のことを「運転資金」と定義しています。

この概念を理解せず、売上拡大を考えている社長は非常に危険であり、間違いなく資金に苦しみます。損益計算書上は利益が出ているのに、運転資金の増加が大きく資金繰りが回らなくなってくるのです。これが黒字倒産の原因になります。

資金難の社長は、資金繰りが厳しい原因が「利益率が低い」ことだとは考えていません。そのため、資金難の解決策を売上に求め、利益率を下げて売上拡大に走ります。それでも資金難が続けば不正な取り引きや高利からの融資、顧客を裏切る行為に走ることも…。本当に残念でなりません。

利益率の低い取り引きをやめた結果、利益率が高くなり資金が増えると知っていたら、倒産という悲劇を免れることができたはずです。

当グループでは、「縁のあったお客様は絶対に倒産させない」という理念のもと、売上を下げて利益率を上げることが資金改善につながることを、さまざまな事例を交えてお話ししています。しかし、なかなか改革に踏み出せない社長もいます。

一般的に企業価値を売上規模で比較する傾向がありますが、その考え方は間違っています。

「近隣の会社と売上高で比較されており、売上だけは下げまいとしてきました。もちろん利益も重要なことは理解していましたが、どこかで売上のために利益を犠牲にしたこともあります。」

「新規事業が軌道に乗り売上は急成長。しかし前期5億円の最終利益を計上しながら、倒産しました。運転資金の不足によるものですが、当時は利益が出ていたことにすっかり安心しており、利益と同じようには資金が増えていないこと気づいていましたが、課題だとすら思ってもいませんでした。」

このような社長が実際にいらっしゃいました。

売上を拡大することがいかに危険なことか、おわかりいただけるのではないでしょうか。

運転資金により資金に余裕が生まれる場合もあります。

支払が先で回収が後だと「資金」に余裕がなくなる

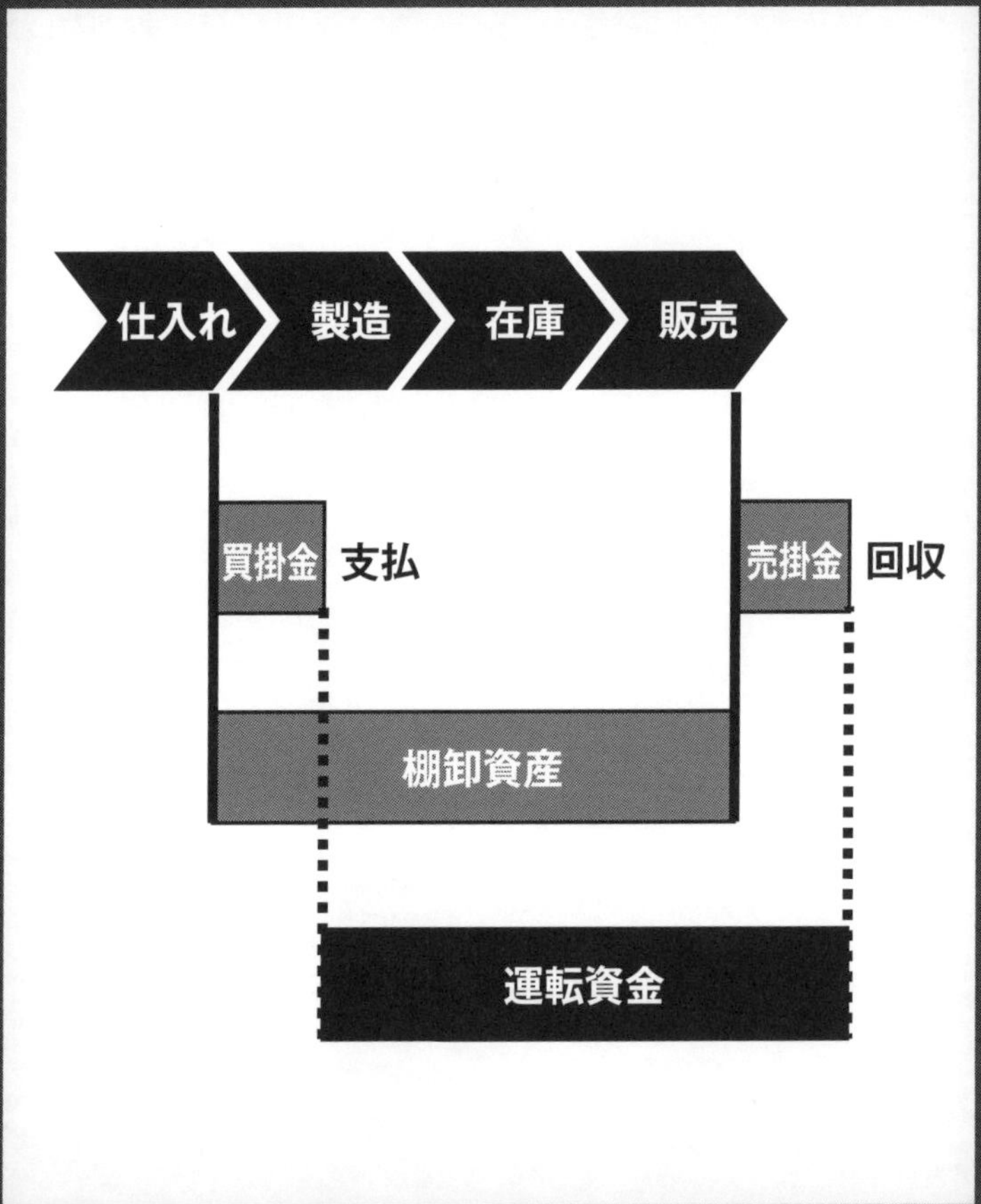

たとえば、現金収入・前受金制度などがあるビジネス（主に飲食店や学習塾）は「回収が先・支払が後」になり、立替金が不要なため「資金の余剰」が生まれます。このようなビジネスモデルは、資金繰りが悪化しにくいというメリットがあります。

しかし、日本のほとんどのビジネスは「支払が先・回収が後」のため、運転資金を一定額確保していなければ、経営できません。

さらに建設業など、1つの案件が長期にわたるビジネスは、支払・回収ともに時間が掛かるだけでなく、固定人件費などの経費も発生するため、さらに多額の運転資金が必要になります。

このような場合は**「前受金制度」**を取り入れることが有効です。支払うお金をあらかじめ回収しておくと、資金に余裕が生まれてきます。

一方、商習慣などによって、前受金のような仕組みを取ることが難しいケースもあるかと思います。

「自社のビジネスは運転資金を多く保有していなければならないモデル」であることを十分理解し、「どのくらいの運転資金を常に保有しておくべきか（必要運転資金が増える傾向にないか）」を把握し、対策を打つことが必要です。

ストック収益型のビジネスとフロー収益型ビジネスの違いも紹介します。

毎月定額で料金をいただくなど、ストック収益型のビジネスは、売上が安定しており先々の業績予測が立てやすいばかりでなく、資金繰りの予定も組みやすい業態です。

反対にフロー収益型のビジネスは、運転資金の把握・管理が必須です。案件の状況によって、支払額と入金額が変動するためです。

これを意識していないと、いつの間にか立替金として資金が投下されることになり、売上が上がっているのにお金はない！となります。特に右肩上がりに成長している企業は注意が必要です。

売上が上がれば売掛金が増え、立替金も増えるため、必然的に運転資金は多く必要になります。

在庫を多く抱える必要がある企業も運転資金には特に注意を払う必要があります。

ストック収益型ビジネスとフロー収益型ビジネスの違い

◇ストック収益型ビジネスの例

持続型の取り引きで収益を上げていくビジネスモデル
【リース業・メンテナンス業・学習塾・フィットネス・定期購入型の小売業】

一定の客数を確保すると収益が計算できる反面、単価は比較的安く、収益がとれる客数確保まで時間が掛かる。

◇フロー収益型ビジネスの例

単独の取り引きで収益を上げていくビジネスモデル
【飲食店・小売店】

季節や流行などの外的影響を大きく受ける。大きい収益を上げることができる反面、収益が安定しにくい。

運転資金の改善方法（例）

◆売上債権（売掛金）の現金化を早くする

✓顧客に対して、サービスの独自性などで強い交渉力を持てるようにする。
✓値引きなどの条件をつけて支払期日を早めてもらう。
✓商品の売れ行きにあわせて在庫を補充するなどして、余分な在庫を持たないようにする。
✓余分な在庫が滞留しないように生産工程を改善する。
✓発注量を一定単位に固定する。

◆買入債務（買掛金）の支払を延ばす（現金を自社に滞留させる）

✓仕入先に対して、規模や購買条件などで強い交渉力を持てるようにする。
✓高く買うなどの条件をつけて支払期日を遅くしてもらう。

3 資金を増やすために売上を「下げる」

◇売上を上げることは、運転資金を悪化させる

「売上を上げろ！」社員にこのような檄を飛ばしている社長は多いのではないでしょうか。

売上を上げると、必要運転資金が増え資金繰りが悪化します。

その要因は、次のような流れが生まれるためです。

1 売上を増やそうとすれば、商品を厚めにする・種類を増やす……在庫の増加

2 売上を上げることは、他社との競争に巻き込まれ値下げをすることになる

3 結果的に売上が上がると、売掛金も増加。立替金は膨らむ傾向になる
＝資金が売掛金や在庫として眠っている状態になる

4 値下げにより、利益率が悪化するため運転資金はさらに悪化する

売上を追い求めることは運転資金を悪化させることに他ならないのです。

しかし、「売上を下げる」という考えが頭にない社長は売上拡大へ挑戦し続けます。

資金を増やす経営とは、売上ではなく利益率を追い求める経営

なぜ、売上が下がっても資金が増えるのか？

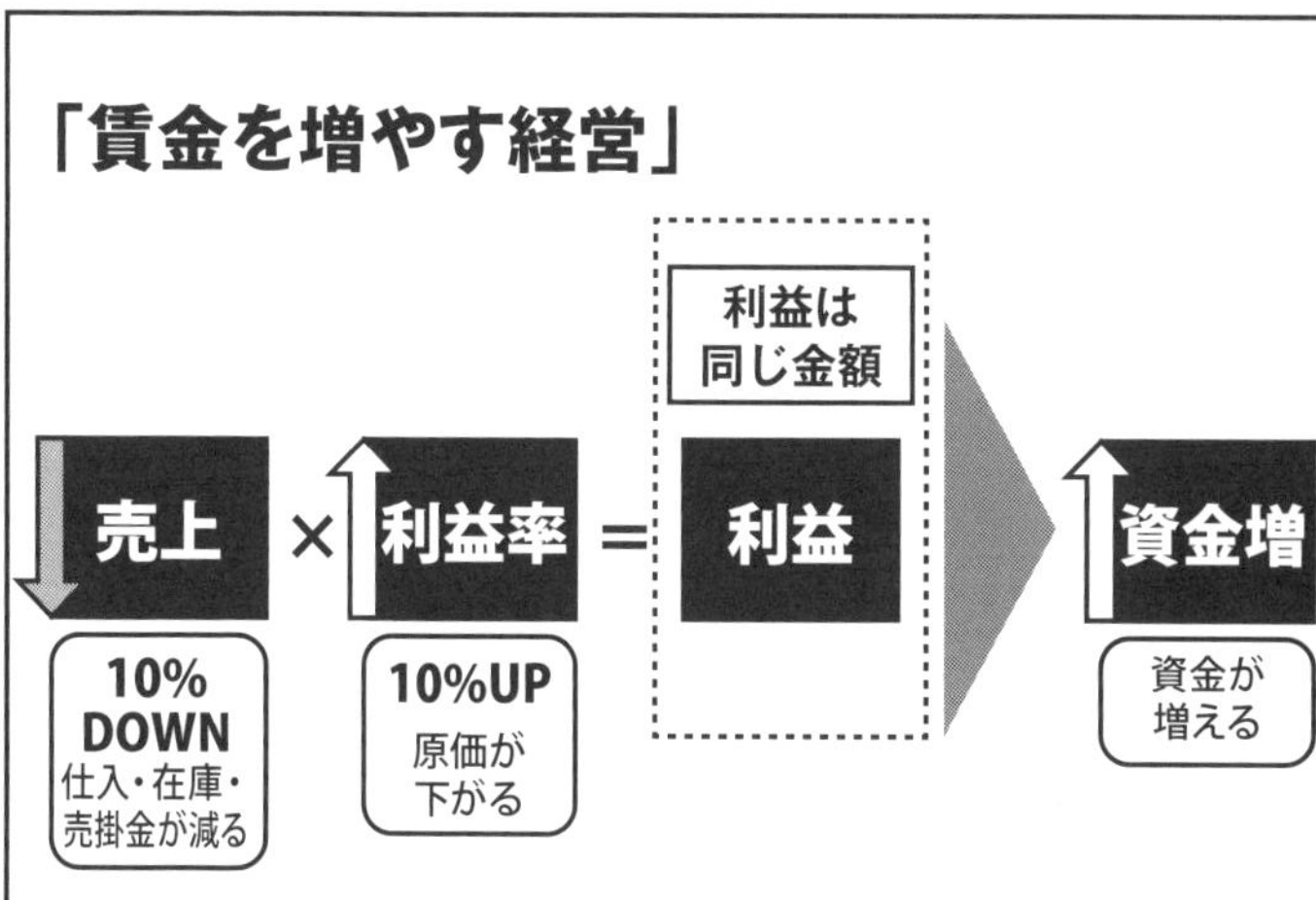

100,000 × 10% ＝ 10,000

$\frac{90}{100}$ $\frac{100}{90}$ 同じ

90,000 × 11.11% ≒ 10,000

- 仕入れが少なくなる
- 在庫が減る
- 運転資金が改善する
- 残業が少なくなる
- 営業経費が少なくなる
- 採用が不要
- ミス、ロスが減る

勉強会で活用している資料の一部

売上を上げれば、資金も増えると信じきっているのです。

売上が右肩上がりの成長期にある企業は、潜在的な経営課題がなかなか表面化しないものです。

売上が上がれば、仕事そのものが多くなり、社員も社長も業務過多に陥ります。そうすると、問題や解決しなければならない課題に向き合う時間的・精神的な余裕が奪われがちです。

売上を追い求めないビジネスモデルで注目の企業

売上を追い求めないビジネスモデルで、各メディアから注目された企業があります。「佰食屋」（ひゃくしょくや）という飲食店を運営している株式会社minitts（ミニッツ）です。代表の中村朱美さんは、著書『売上を、減らそう。たどりついたのは業績至上主義からの解放』で以下のように述べています。

「佰食屋」の特徴は以下の6つ。

1．ランチのみの国産牛ステーキ丼専門店

2．どれだけ売れても、1日100食限定

3. インセンティブは、早く売り切れば早く帰れる
4. 営業わずか3時間半、11時から14時半
5. 飲食店でも、残業ゼロ
6. なのに従業員の給料は、百貨店並み

■売上を減らすことによるメリット
メリット1「早く帰れる」退勤時間は夕方17時台
メリット2「フードロスほぼゼロ化」で経費削減
メリット3「経営が究極に簡単になる」カギは圧倒的な商品力
メリット4「どんな人も即戦力になる」やる気に溢れている人なんていらない
メリット5「売上至上主義からの解放」よりやさしい働き方へ

中村さんのおっしゃるメリットを反対に考え、売上を増やした場合にはどうなるでしょうか。

■売上を増やすことによるデメリット

デメリット1「早く帰れない」退勤時間は深夜
デメリット2「フードロス増加」で経費増加
デメリット3「経営が難しくなる」多店舗展開等による管理増加
デメリット4「どんな人も即戦力にならない」やる気に溢れている人がほしい
デメリット5「売上至上主義による束縛」より厳しい働き方へ

極端な書き方をしましたが、売上を増やすことは、このようなリスクもあるということです。

売上を追い求めていた社長が、やり方を変えずに「今日から売上は二の次だ！」といっても、それは売上を減らすことを理解しているとはいえません。

ポイントは、メリット3で掲げた『「経営が究極に簡単になる」カギは圧倒的な商品力』です。圧倒的な商品力とは、お客様から選ばれる商品で、なおかつ高利益率であることが条件です。売上を伸ばすために多店舗展開、長時間営業、高い広告費にお金を投下するのではなく、いかにして高いコストパフォーマンスを発揮し、品質の高いものを提供できるかに時間とお金を投下すべきなのです。

また、前述のとおり、高い利益率は「売上高」に対して「原価＝支払う金額」が低くなるということですから、運転資金を良化させることにもなります。

一般的に、企業が成長するためには売上が必要と考える方は多いと思います。たしかに一定の売上は必要ですが、**いまある経営資源でどれだけ売上を減らすことができるか、そして、利益率を高めるためには何をしなければならないのか、何をしてはいけないのかを徹底的に考えることが、資金が残り増える経営体質の礎となるのです。**

4 運転資金を改善するには、利益率を上げること

◇3ステップで資金が増える体質へ

利益率を上げ、資金が増える体質へ転換するためには、次の3ステップで進めます。

▼ステップ1：利益率を下げている赤字の犯人を捜す

利益率が低い取り引きは資金を減らす原因になります。

なぜなら人件費や経費など、一定のコスト（売上に左右されない固定費）が利益率にかかわらず、発生するためです。

そのため、値上げをするか、利益率の高い取り引きを増やすか、利益率の低い取り引き先は取り引きを中止するなどの対策を講じる必要があります。

資金を増やすためには、社長の売上至上主義からの転換と強いリーダーシップが必要です。

「必要経費を細かく書き出す」、「適正な原価を積算した見積書を作成する」など利益率を意識した考え方を身につけなければ、資金は増えません。

■利益を下げている赤字の犯人を捜す（例）

・値上げを実施する
・利益率の高い取り引きを増やす
・利益率の低い取り引きを中止する
・見積書の改善（適正な価格設定）

▼ステップ2：利益率を高める環境

資金難の企業は、概して業績を社員に公開していません。人件費・経費・今月の借入金返済額を鑑みて、今の利益率をいくら改善すれば資金を増やせるのか。そのために社員はそれぞれの立場で何をしなければならないのかを明確にする必要があります。

社長にも社員にも利益率を改善する意識がないと、「売上を上げろ！」と指示された社員たちは、売上確保のために利益率を下げてでも売上アップに注力します。

安売りしていいのであれば、商品知識が素人の方でもいいわけです。近年、売り場を工夫し、店員をパートにすることで、本来固定費である人件費を変動費化し、品出しができる最低限の人員で賄っている小売店もあります。

逆に、商材についての幅広い知識や経験に基づいたアドバイスや提案ができる、自社のプロフェッショナル社員を売り場に配置し、高単価・高利益商品の販売を強化する店もあります。

利益率の高い商品を売るための、知恵や工夫を醸成していかねばなりません。

■利益率を高める環境（例）

・業績の公開・見える化を行う

・商品ごと、現場ごとの利益率がいくらなのかを見える化し、新人でも売るべきものがわかるようにする

▼ステップ3：利益率を高める施策

利益率重視の経営とは、同業他社との価格競争を避け、高い付加価値のサービスを提供する経営、つまり「売り方を変える」ということです。

適正な利益率を確保・維持する企業を実現するために、自社を見直してみましょう。

■利益率を高める施策（例）

・外注費を見直す（内製化できるものを探す、価格の適正値を疑う）

- **販売単価を見直す（売価表の見直し）**
- **値上げ交渉をし、利益率の低い仕事は引き受けない**
- **予算と実績の比較をする**
- **追加の仕事や仕様の変更に対しては別途料金をいただく**
- **安易に無料サービスをしない**
- **無駄な残業代を発生させない（人員の多能工化、生産性向上）**

資金が増えていないなら、資金が増える経営を実現するために、今とは真逆の経営を行なわなければいけません。経営とは、「売上を追い求めるのではなく、資金を増やすこと」「売上を増やすことは、自己資金を減らすことに繋がる」という基本は、誰も教えてくれません。世の中には、資金の増やし方がわからないために何をしても失敗する社長がいます。

小売業で失敗し、今度は飲食業をしても失敗、本業では儲からないと新規事業に手を出し失敗、何年経営をしても資金不足で借入金は減るどころか増える一方…。

資金が減るのはビジネスモデルが要因ではありません。社長の知識が希薄であることが、資金を減らす最大の要因なのです。

私は基本的に、企業が倒産するのは、「業界」とは関係ないと思っています。

メディアにも出ている著名な企業・社長も、大きく成長し、資金が潤沢にあることには理由があるのです。

社長が変わったことで、万年赤字企業が黒字へ好転したという話はよく聞くと思います。資金が減る理由は「業界」ではなく「社長の考え方」次第なのです。

たとえば、「経営の神様」といわれる稲盛和夫氏の場合、これまでの功績から、彼の手腕ならどんな赤字企業でも黒字好転しそうと思わせてくれます。赤字の原因は業界にあるのではなく、社長の考え方によるのだと気づかせてくれます。

5 実は知らないお金の流れ、何にいくら使われているか

◇貸借対照表の推移を見て経営を図る

貸借対照表を読める社長は多くありません。それはなぜでしょうか。

私は、「売上至上主義」ともいえる商売の背景が起因していると思っています。

上場企業も中小企業も、規模の大きさは「売上」で計られることがほとんどです。売上がわかれば、月商・日商も計算でき、商売の規模・案件数等の目安が図れるので確かにわかりやすい指標です。

「年商1000億円の企業で働いている」と聞けば、相応によく聞こえますし、社員の方も誇らしく感じるでしょう。

しかし、資金調達がオーナーからの出資と銀行からの借入にほぼ限られる中小企業においては、「売上」だけで経営を考えるのは、特に危険です。

では、貸借対照表の推移を見て経営を図るとはどのようなことなのでしょうか。

たとえば、預金残高が10億円あるF社と1億円あるG社があるとします。

さて、どちらが良い企業でしょうか？

多くの方は「10億円あるF社に決まっているでしょう！」とお答えになると思います。

しかし、預金の中身が重要です。

F社の借入金残高が10億円あったらどうでしょうか。

つまり、自己資金はゼロの会社です。

他方、預金残高が1億円のG社は、金融機関の融資を受けず、すべて自己資金で経営していたとしたらどうでしょうか。判断は一目瞭然でしょう。

理想を言えば、金融機関からの融資は赤色、運転資金は黄色、自社で儲けた資金は青色のように色がついていれば、社長が判断を誤ることもないでしょう。ところが、残念ながら一万円札に色はついていません。


先日、分析の依頼を受けた企業でこのようなことがありました。

創業して以来の最高の売上、最高益を更新。しかし、借入金は一向に減っていません。分析してみると、借入金の増加と同じ推移で「保険積立金」が増えていました。

つまり、保険料を払うために借金をしていたのです。当然、借入金には利息も生じています。

こんなボタンを掛け違えた経営が、日本中の中小企業で行われています。

さらにお伝えすると、この保険は「税理士から勧められた保険」なんていうケースもあります。

そんな税理士が存在していることは、同じ税理士の立場として残念に思いますし、クライアントの経営を良くしようという行動とはとても思えません。

借入金が減っていないなと感じられ、保険積立金を資産計上している企業の方は、ぜひ貸借対照表の推移を確認していただきたいと切に感じます。

資金の流れが、毎月1日に把握できる「瞬間くん®クラウド」

「業績資料の完成が遅い」

「ようやく税理士から試算表が届いたと思えば、すでに翌月中旬。

先月の業績を見て〝びっくり〟」

「これから対策を打ったとしても、すでに残り数週間では時すでに遅し」

このような状況に陥ることは多いのではないかと思います。

試算表を経営に十分活かせている企業は本当にわずかしかありません。先行きが読めない不透明な時代だからこそ、資金の流れを社長自らが把握できるようにならなければいけません。

そこで、当グループは「瞬間くん®クラウド」を開発しました。

これは月初に特定の8つの科目を算出し入力するだけで、資金の流れを判明させることができるというもので、現在5000社を超える企業が利用しています。

試算表は前月の利益を確認するための資料なので、多少遅くても構いません。

しかし、資金は24時間365日動いており、毎月1日にはいくら増えたか、いくら減ったかが判明しないと、翌月からタイムリーに対策を講じることができません。

たとえば、資金が減った要因が売掛金の未回収や遅延だったとしたら、直ちに売掛金の回収に動かなくてはなりませんし、在庫が増えたことが要因であれば、すぐにその対策を講じる必要があります。

「瞬間くん®クラウド」では、資金の増減要因が具体的な数値として表れます。

このようなデータが、毎月1日に社長の手元に届いたらいかがでしょうか。

資金を改善するにはデータのスピード化が不可欠です。多くの社長が「瞬間くん®クラウドは社長の参謀だ」とおっしゃっていただける所以はここにあります。

そもそも、なぜ試算表が出るのが遅いのでしょうか。それは、損益計算書は科目ごとの年次・月次の合算額、つまり「集計」をしないと算出することができないからです。

そのため、自計化ができており、試算表などをしっかり出している企業でも、前月の修正などは当然のように発生するので、完成までに時間を要します。

しかし、「瞬間くん®クラウド」で利用する数字はすべて貸借対照表の「残高」（ありのままの数字）です。

たとえば、現預金（金庫や金融機関に預けているお金）や在庫（月末現在いくら残っているか）です。

いかがでしょうか、たったこれだけで前月の資金の増減や利益がわかるのです。

これで月初1日からすぐに対策を打つことができます。

業績資料の完成が遅いことで、営業会議をしても「いまさら振り返っても」「そんなことはわかっている」という空気になっていませんか。

スピーディーに業績資料が完成することは、非常に価値があることなのです。

前月の利益や資金の増減を毎月１日に把握できるシステム

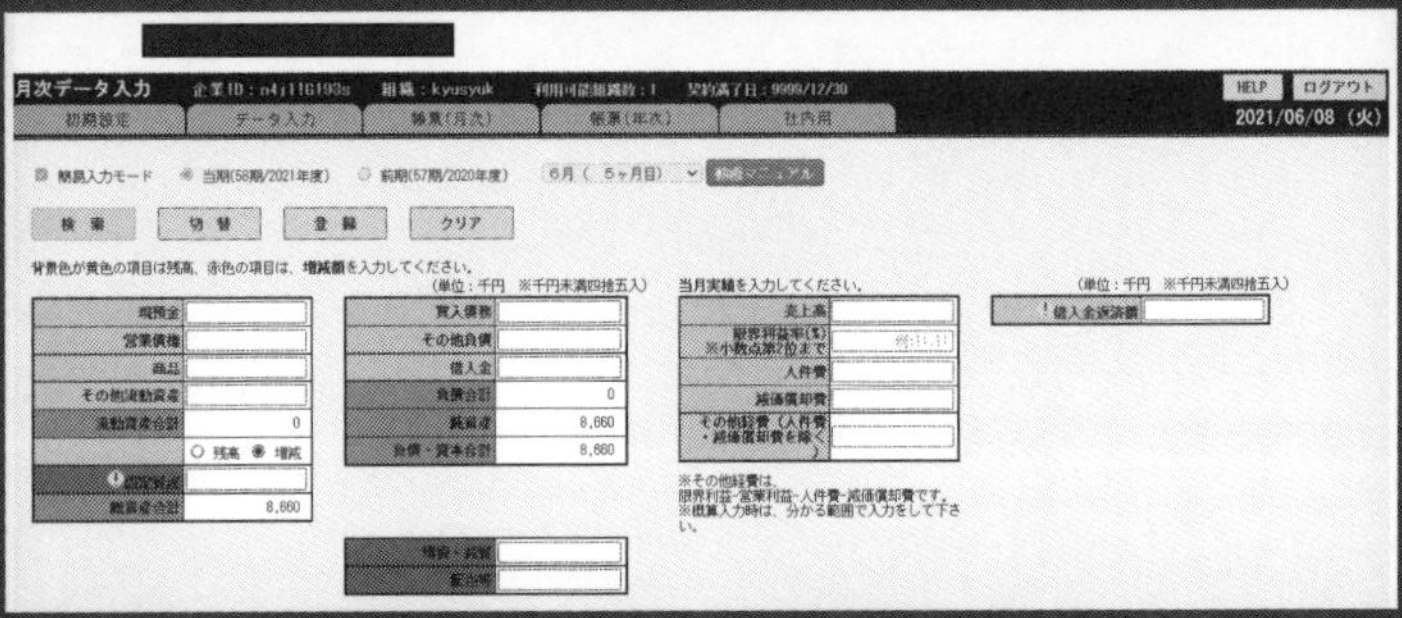

瞬間くん® クラウドの特徴

❶ 毎月1日には、前月の利益・資金・運転資金が明らかになる

❷ 操作が簡単

❸ 計数に弱くても、経営の羅針盤（図解）があり、わかりやすい。

❹ 利益・運転資金の増減要因を細かく分析し、改善すべき点もシンプルでわかりやすい。

資金の増減要因が具体的な数値として表れる

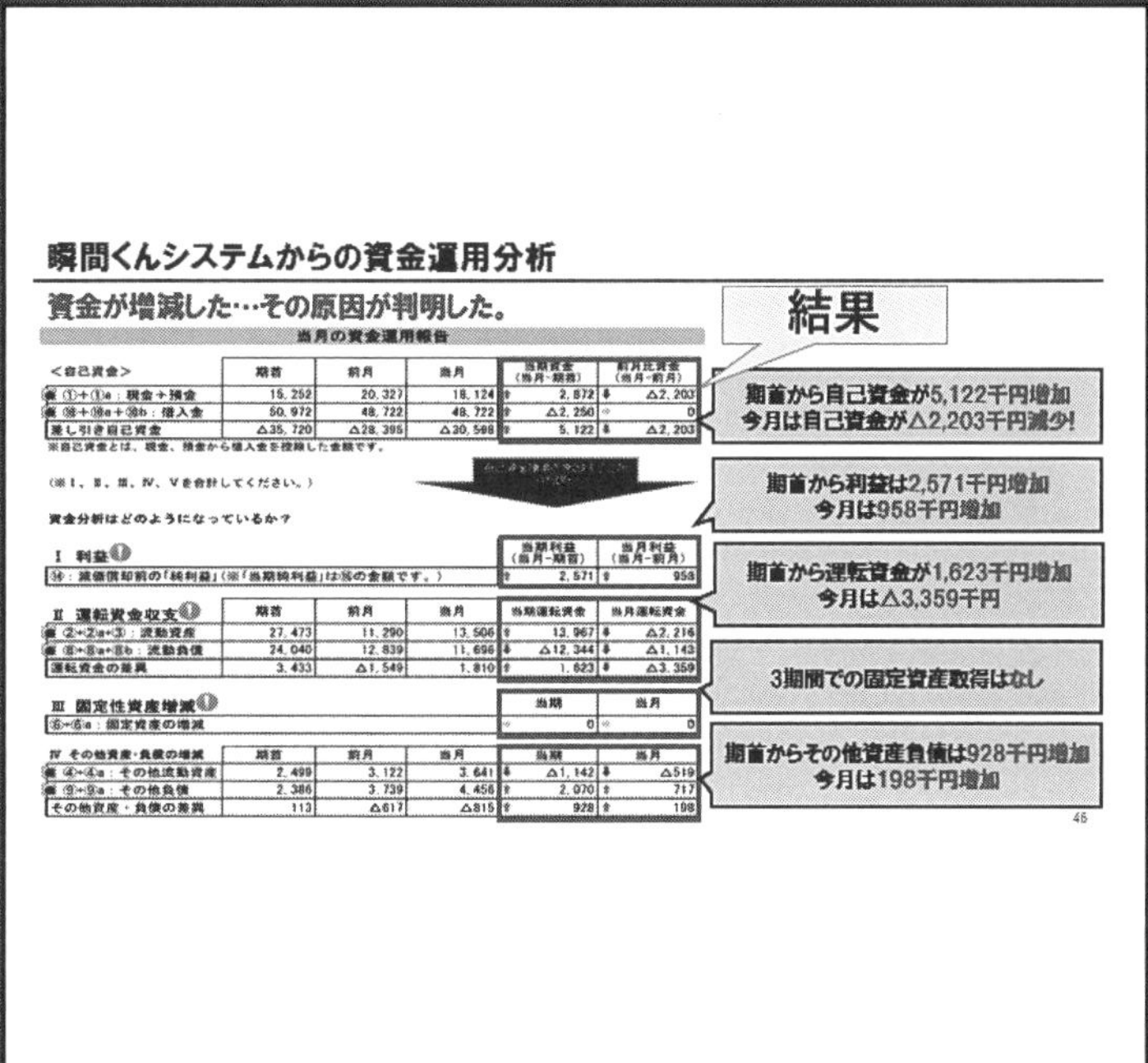

瞬間くんシステムからの資金運用分析

資金が増減した…その原因が判明した。

当月の資金運用報告

<自己資金>	期首	前月	当月	当期資金（当月−期首）	前月比資金（当月−前月）
①+①a：現金＋預金	15,252	20,327	18,124	↑ 2,872	↓ △2,203
⑱+⑱a+⑱b：借入金	50,972	48,722	48,722	↑ △2,250	→ 0
差し引き自己資金	△35,720	△28,395	△30,598	↑ 5,122	↓ △2,203

※自己資金とは、現金、預金から借入金を控除した金額です。

（※Ⅰ、Ⅱ、Ⅲ、Ⅳ、Ⅴを合計してください。）

資金分析はどのようになっているか？

Ⅰ 利益	当期利益（当月−期首）	当月利益（当月−前月）
㉞：減価償却前の「純利益」（※「当期純利益」は㉟の金額です。）	↑ 2,571	↑ 958

Ⅱ 運転資金収支	期首	前月	当月	当期運転資金	当月運転資金
②+②a+③：流動資産	27,473	11,290	13,506	↑ 13,967	↓ △2,216
⑧+⑧a+⑧b：流動負債	24,040	12,839	11,696	↓ △12,344	↓ △1,143
運転資金の差異	3,433	△1,549	1,810	↑ 1,623	↓ △3,359

Ⅲ 固定性資産増減	当期	当月
⑥+⑥a：固定資産の増減	→ 0	→ 0

Ⅳ その他資産・負債の増減	期首	前月	当月	当期	当月
④+④a：その他流動資産	2,499	3,122	3,641	↓ △1,142	↓ △519
⑨+⑨a：その他負債	2,386	3,739	4,456	↑ 2,070	↑ 717
その他資産・負債の差異	113	△617	△815	↑ 928	↑ 198

6

税務署・保険会社・銀行の〝三悪人〟と上手に付き合おう

◇金融に対する「社長の無知」こそが最大の〝悪〟

金融や経済に関する知識を積み、それをどのように活用するか判断する力や能力のことを「ファイナンシャル・リテラシー」（金融リテラシー）といいます。日本人は、先進国の中でも特にファイナンシャル・リテラシーが低い国だといわれています。

それに比べて、海外の先進国の多くはお金に関する教育が徹底されているため、「収入源を複数持つ」という概念が身についています。

日本では、ファイナンシャル・リテラシーを高めるために、２０２２年から高校家庭科で投資信託の授業を行い、資産形成の知識を高めることが決まっています。これまでは、金融や資産形成、税金に関する実践的な学びは、大学で「経営学」などを専攻しなければ学べる機会はあまりありませんでした。

そのため、多くの社長はファイナンシャル・リテラシーが乏しいまま経営しています。大きなお金を動かす立場でありながら、ファイナンシャル・リテラシーが低いが故に資金が外部に垂れ流しになっていることにも気づきません。

その象徴が、多額の税金、万が一に備えた手厚い保険、高い借入金の利息です。当たり前に支払っているこれらのお金について考え直す必要があるでしょう。

そもそも日本は、中小企業にとって資金を増やしにくい構造になっています。企業の資金を食いつぶす「三悪人」をご存じでしょうか。

その「三悪人」とは、「税務署」「保険会社」「銀行」です。

誤解がないように申し上げますが、「三悪人」は、存在することが問題なのではありません。「社長の無知」こそが最大の問題なのです。

▼三悪人の一人目↓「税務署」

一人目は「税務署」です。

税務署へ納める税金には、1年間の収益（益金）から費用（損金）を差し引いて利益を計算する「損益法」によって計算した利益（所得）に対して課されるものがあります。

普通に考えれば「100万円利益が増えたら、資金も同じように100万円増える」と思うでしょうが、利益と資金の動きは一致していません。利益が増えても資金が必ずしも増えない場合や、逆に減少してしまう場合があります。

その理由のひとつとして挙げられるのが「在庫」です。

利益率を高めるために、「まとめ買い」によって一商品当たりの原価を下げる方法があります。たしかに、一時的には原価は下がることになるのですが、「まとめ買い」という行為そのものは総仕入額を膨らませることになるため、資金をより多く減らしてしまうのです。まとめ買いで購入した在庫が、結果デットストック（死在庫）として現金化できないとなったら最悪のパターンです。

また、損益法の計算では、在庫が増えるということは、いわゆる「期末棚卸高」が増加し、原価から差し引かれるため、利益が増えます。しかし、利益が増えても、在庫が増えているので、資金は減少し、納税資金が不足することになるのです。

もちろん資金が無いからといって税金を値引きしてもらう、在庫で払うというわけにもいきません。泣く泣く借入を起こして納税している社長は特段珍しくはありません。

本来、納めるべき税額の計算は、損益法で計算した利益ではなく、増えた資金の額を基準にすべきなのですが、日本の税制はそのようにはできていないため、こうした「悲劇」が起きてしまうのです。

では、税務署への対策はどうすれば良いのでしょうか。

それは、社長が「財産法」を学び、資金の動きを理解することです。財産法とは、企業の「資産」と「負債」の残高の差から利益を計算する方法です。

ここでいう「資産」とは、受取手形・売掛金・在庫・土地建物・保険積立金をいい、「負債」とは、支払手形・買掛金・未払金などです。

▼三悪人の二人目「保険会社」

二人目は「保険会社」です。

日本にはたくさんの保険会社があります。皆さんも保険に入っていると思いますが、その保険はベストな保険なのでしょうか。

営業担当者には当然営業ノルマがあります。そして保険商品ごとに営業担当者に支払われる手数料が違います。

すなわち、営業担当者は手数料が高い保険を売りたくなります。しかし、その商品は顧客から見たら「損をする保険」ではないでしょうか。

ほとんどの保険商品は手数料が公開されていないので、営業担当者が勧める保険商品がベストなのかはわかりません。

社長が保険に入る理由の一つに節税がありますが、保険積立金の原資が借入金になっている企業は多いです。お金に色はついていないので、この現実に気づくことのできる社長はほとんどいません。

また、そもそも保険の提案をする営業担当者も貸借対照表を見て提案はしていません。

▼三悪人の三人目「銀行」

三人目は「銀行」です。

お付き合いのある○○銀行の名前の前後をよく見てください。「株式会社」とついているはずです。

株式会社、つまり銀行は皆さんの企業と同じく営利団体であるということを認識しなければなりません。株主のために利益を上げることはもちろん、損失を回避するため貸した資金も確実に回収しなければなりません。

そのため、貸付先の企業や社長個人の不動産を担保にとったり、社長の個人保証（企業との連帯保証）をとったりします。借入金を返済できなければ預金と相殺する、という条件で貸し付けることも一般的です。

銀行は誰に貸すか貸さないか、いくら貸し付けるかを自由に決められ、回収不能になるリスクはとても小さく、かつ確実に利益を上げられる、とても「おいしい」業態なのです。

それなのに、「弊社は著名な○○銀行から多額の借入ができるほど信用力が高い」などと緊張感のない、筋違いなことをいっている社長が実に多いのです。

また、「付き合いだから」と銀行との関係性を気にして、不要不急な借入を起こし、預金口座に寝かせている企業（特に業績や財務内容が良いとされる企業）も珍しくありません。

銀行との付き合い方は、借りなくて済む借入金を借り、高い金利で無駄な利息を払うことではありません。そのうえ銀行は手数料の高い投資商品や高額な保険まで熱心にすすめてくるとんでもない「悪人」なのですが、無知な社長は利用されていることに全く気づいていません。

これこそが「営利団体」としての銀行の本来の姿なのです。

このように、税務署・保険会社・銀行は、我々中小企業の味方なのかしっかりと見極め、利用していただきたいものです。

7 無駄な借入金は返済すべし

◇借りたお金を眠らせていても「支払利息」が掛かっているだけ

売上を拡大すると、設備の入れ替えや工場の増設など固定資産を取得する必要が出てきたり、運転資金が不足し融資を受ける必要が出てきたりします。こうしたことで、過去に儲けた資金なのか、資本金なのか、借入金なのか、区別がつかなくなります。銀行も健全な企業に多く融資したいため、融資額を増やす提案を行います。

こうした対応に、社長は「当社をそこまで応援してくれるのか」と気分を良くして過大な融資を受け、潤沢な資金に安堵するのです。そうすると余った借入金は預金となり、金利を払っている銀行に預けるというおかしな構図ができあがります。

銀行は、その預金をさらに他の取引先へ融資してビジネスを展開しているのです。

貸借対照表で「お金の流れ」、つまり「調達状況（負債・純資産）」と「運用状況（資産）」がわかります。２期間以上で並べてみて、借入金（銀行・役員借入金など）の増加に連動して増加しているものがないか確認してみましょう。

現預金が増えていませんか？つまり、借りたお金をただ通帳に眠らせているだけになっていませんか。当然ながら、借入金ですから、「支払利息」が掛かっていることをしっかり認識しなければなりません。

恐ろしい話ですが、我々が分析した企業の中には、銀行に支払っている支払利息が自社の営業利益を越えているということもありました。

これを社員の方々が知ったら、どう思うでしょうか。一生懸命稼いだ「利益」が全部銀行に持っていかれているということです。

表面金利と実質金利

表面金利と実質金利はしっかり考えてほしい問題です。なぜなら、借りたお金をそのまま現預金として保有していると、表面金利が1％でも、実質金利は3％にも4％にもなり、支払利息が大きな負担となるケースがあるためです。

「それは、何か有事のときにすぐ対応するための資金だ」

「○○に来月投資する予定であり、そのための資金だ」

そうした具体的な目的がある「意図した」借入であれば、基本的には問題ありません。借りたお金が「どこへ使われているのか」がわからなければ、借入金を減らすことはできません。

表面金利と実質金利の差異を認識しよう

当期利息	129.1
表面金利	1.91%
預金を除く実質金利	4.39%

（単位：万円）

科目	借入金使途	構成比	支払利息負担額
運転資金	3,142.5	46%	55.8
固定資産	296.3	4%	5.3
その他科目	▲495	-7%	0
（事業用借入金）	2,943.8	43%	61.1
現預金	3,827.6	57%	68
債務超過（赤字）	0	0%	0
借入金合計	6,771.4	100%	129.1

分析したとある会社様の借入金の用途を示した表

↓

借入金合計6,771万4,000円のうち、手元現預金に3,827万6,000円（借入金の57%）投下。そのため表面金利は1.91%だったが、実質金利は4.39%にもなっている。

8 お金を増やす社長の銀行交渉術

◇「自己資本」を高めることが与信格付の高評価につながる

自社の成長のためには、銀行との関係性は欠かすことはできません。銀行との関係性は常に良好に保っていく必要がありますが、どのように付き合っていくべきなのでしょうか。

その答えは、「自社が銀行からどのように見られているのか」を知ることから始まります。

借入額や支払利息がどのように決められているのか、ご存じの方は少ないと思います。

さらには、どのような指標で自社が評価されているのか、どうすれば評価が高まるのかは気になることだと思います。

勉強会で、資金が増えない・借入金が減らないと悩む社長に、自社の「**与信格付**」を知っていますか?と伺うと、ほとんどの社長は知りません。

ここでは、与信格付について紹介していきます。

与信格付の評価項目のうち、あなたはいくつ意味を答えられますか。

①自己資本比率
②借入金依存度
③債務償還年数
④インタレスト・カバレッジ・レシオ
⑤企業規模
⑥期間利益傾向
⑦売上高経常利益率
⑧総資本経常利益率
⑨売上高増加率
⑩経常利益増加率

答えは次の通りです。

■与信格付の評価項目（答）
①自己資本比率　↓　**総資産に当たる自己資本の割合**
②借入金依存度　↓　**総資産に当たる総借入金（借入金・社債等）の割合**

③債務償還年数 ↓ **借入金の残高／当期純利益**
④インタレスト・カバレッジ・レシオ ↓ **（営業利益＋受取利息）／支払利息**
⑤企業規模 ↓ **売上高の規模により設定される**
⑥期間利益傾向 ↓ **当期純利益100万円以上の2期間合計（損失はマイナス計上）**
⑦売上高経常利益率 ↓ **売上高における経常利益の割合**
⑧総資本経常利益率 ↓ **総資本における経常利益の割合**
⑨売上高増加率 ↓ **直近期の売上高と2期前売上高の差額／2から3期前売上高を割った割合**
⑩経常利益増加率 ↓ **直近期経常利益と2期前経常利益の差額／2期前経常利益**

このほか、定性面（経営者と銀行側との面談）も加味し、与信格付が設定されます。
ここで覚えていただきたいポイントは、「**利益率を高め自己資本を積み上げることが高い評価に結び付く**」ということです。売上アップで得られる評価はわずかしかないことを、しっかりと認識しましょう。

与信格付ランクが高まると、金利が下がる、担保が外れる（プロパー融資を受けられる）、保証人不要、定期積立などの制約解除等、有利な条件を引き出すことができます。

お金を増やす社長の銀行対応

絶対にやってはいけないポイント

- □ 債務超過にする
- □ 2期連続で赤字
- □ 返済遅延（リスケ）を行う

⇩

ランクアップさせる方法

- □ 借入金を返済する
- □ 現預金を増やす
- □ 売上は下がっても
  利益率を上げる

⇨

	評価項目	分析値	単位	評価点	満点	10点満点換算
Ⅰ　定量評価 ［安全性］	①自己資本比率	76.6	%	20	20	10.0
	②借入金依存度	7.3	%	10	10	10.0
	③債務償還年数	13.0	年	3	5	6.0
	④インタレストカバレッジレシオ	−503.2	倍	0	5	0.0
	⑤企業規模	4.9	億円	1	5	2.0
［収益性］	⑥期間利益傾向	−2		−10	10	−10.0
	⑦売上高経常利益率	0.4	%	1	10	1.0
	⑧総資本経常利益率	0.4	%	0	5	0.0
［成長性］	⑨売上高増加率	−4.1	%	0	5	0.0
	⑩経常利益増加率	−91.9	%	0	5	0.0
Ⅱ　定性評価	⑪経営者(資産背景等)	普通	−	2	5	
	⑫経営能力	普通	−	2	5	
	⑬返済実績	延滞なし	−	0	0	
	⑭市場動向	離陸期	−	2	5	
	⑮競争状態	競争が激しい	−	1	3	
	⑯営業基盤	基盤あり	−	2	5	
	⑰シェア	普通	−	2	5	
	⑱競争力(技術力・商品力等	普通	−	2	5	
	合計			38	113	

※金融機関による貸出先企業評価は、社会情勢や評価目的、金融機関自体の経営環境によって大きく異なります。
当評価はあくまで経営戦略の参考にして下さるようお願い申し上げます。

資金改善術を実行すれば
⑤と⑨以外のランクが上がる

お金を増やす社長の銀行交渉術
➡与信格付のランクアップを目指す

得点合計	ランク名称	ランク	債務者区分
100以上	S		
75～99	A		正常先
61～74	B		
41～60	C		
36～40	D	★	
21～35	E		要注意先
11～20	F		
0～10	G		要管理先
0以下	L1		破綻懸念先
	L2,L3		実質破綻先、破綻先

与信格付の目的は、企業の安全性を測ること。
銀行は安全な企業に融資したいというのが本音。

与信格付が低い企業には、条件を付ける
（金利が高い、担保が必要、プロパー融資はNG）。

銀行は晴れの日に傘を貸し、
雨が降ったら傘を取り上げると例えられる。
つまり、いつでもお金が借りられる企業（財務状況）
である必要がある。

また、与信格付のランクが高いということは、
安全性が高い企業だという証明でもある。

今すぐに融資を受けるかどうかではなく、高いランクを目指す
ことが安全性の高い経営を実現していくことになる。

企業は銀行に対して下手に出る傾向がありますが、銀行から「借りてほしい」と頼まれるような企業体質を築き、上手に活用することが、本来あるべき付き合い方です。

9 残業を無くして、資金を増やそう！

◇「単能工」を「多能工」にするのも資金改善術の一つ

資金が増えない企業の共通点に、給与が高い社員も低い社員も同じような仕事をしているという点があります。

支援前に見学させていただいたある小売店で、時給が最低賃金程度のパートさんの横で、年収６００万円の営業部長が一生懸命、同じようにお刺身を切っているという光景を見かけました。給与に見合った仕事をしているのかはどの業界、どの企業でも共通の課題かと思います。

先日、金属の部品製造をしている工場へ訪問させていただきました。工場長はＰＣを使えず、いまだにすべて手書きの工程表を定規で一生懸命作られていました。

工程管理システムを導入しているものの、その入力のために人を雇っているという始末でした。

さらに、工場長はスタッフに原価や販売実績を全く伝えていませんでした。

自社で作っている製品の値段や原価もわかっていない企業は、例外なく業績も非常に厳しいです。

資金改善術の一つとして、「単能工」を「多能工」にするというものがあります。

自社に業務の汎用性がない社員はいませんか？　できる業務を制限させていませんか？

専門性を持たせることも必要ですが、単能工ばかりでは、余剰人員や不要な残業が生まれやすくなります。

社内委員会を通じて、残業削減に取り組んでいる事例を紹介します。

■残業をゼロにするためのルール

- **残業は原則禁止**…忙しければ全員で支援して就業時間内に終わらせる。
- **13時に全社員集合**…残業が発生する可能性がある人に挙手をさせ、そのほかの社員に委員から支援を指示。

こうした取り組みの結果、無駄な残業を削減し、生産性を高めることに成功しています。

「単能工」を「多能工」に変える

単能工（職人）の増加が、余剰人員の原因

『～しかできない』『～できない』

営業部長（勤続34年）／パートと同じ現場業務を一日中している。

工場長／現場一筋４０年。PCが使えない。
管理システムの入力ができない。
全て紙ベースで書類山積み。

製造業社員／製品の値段がわからない。
原価計算ができない。

社員／会議で発言しない。黙って聞いているだけ。

↓

今の時代は、業種や業態、規模に関係なく、一定のパソコンスキルやプレゼン（営業）ができなければ生き残る術がありません。

第4章

労働分配率経営で社員が育つ

1

働き方改革が目指すもの

◇日本型の雇用慣行から脱却を迫られている

日本の労働基準法の歴史上、70年ぶりの大改正となった「働き方改革関連法」。概要についての理解はそれぞれに深まっていることと思いますが、残業を減らし、有給休暇を取得しやすい職場環境の整備を後押しする社会の要請にどう対応していくのか。社員一人当たりの労働生産性の向上、離職率の低下、採用強化、社員満足度の向上など、社会からの要請に応えながらも、これまでの業績を維持していかなければいけません。

2 年功序列は時代錯誤か

◇年功序列賃金が若い社員の人材確保と育成にも影響

経済縮小期に突入し、飛躍的な経済成長が望めなくなった今、年功序列制度は時代錯誤といわざるを得ません。

人材確保の悩み

近年、人材の確保（採用・定着）に関する相談が増えています。

企業の将来性や待遇を理由に、優秀な社員が辞めてしまううえに、新たな人材が採用できないというのです。

社員が将来を不安視する理由

仮に、月給30万円、5歳の子供を持つ30歳の男性社員がいたとします。10年後、その子供は15歳になり、高校・大学と進学を考える時期となります。毎年5０００円の昇給をしたとして、社員の月給は10年経って35万円です。

社員はそれで納得できるでしょうか。年々増していく教育コストを考えると35万円の月給は決して十分とはいえません。

小売業を営むある企業の店長たちの平均年齢は48歳、平均勤続年数は20年以上です。企業の借入金は過大で新規の融資は難しく、出店計画などはありません。20〜30代の社員が入社しても「果たして自分にチャンスがあるのか」「今の店長以上に給与は上がるのか？」と、将来に魅力を感じられず3年も経つと辞めていきます。

3 労働分配率を経営の軸にする

◇たとえば、賞与を変動させることで人件費をコントロールする

働き方改革にともなう労働生産性の向上や、年功序列制度の問題を解決する方法が、労働分配率を軸に経営することです。

労働分配率とは利益に占める人件費の割合であり、数多くの経営指標がある中、利益と人件費が連動した指標は労働分配率しか存在しません。利益の変動に応じて人件費も変動させる手法を労働分配率経営といいます。

業績が悪化し、利益・資金がどんどん減少しているにもかかわらず、最大の固定費である人件費は据え置き、高止まり…このような企業は最終的に労務倒産に陥ります。

労働分配率を安定化し、利益に応じて人件費を変動させることで、どのような業績でも必ず一定幅の利益を確保することが可能になります。

当然ながら、利益に応じて人件費も変動するとなると、社員には減給の可能性も出てきます。これによって「社員のモチベーションが下がるのではないか？」と思われがちですが、むしろ社員は育ちます。

「利益が増えれば、給与も増える」
「自分が希望する給与をもらうためには、○円利益を残さなければならない」
これが明確になると、社員はいかに利益を残し、増やすかと自ずと考え始めます。

労働分配率は適正給与のバロメーター

左の図にあるように、昔から「給与の3倍稼げば一人前だ」という言葉がありました。ではなぜ給与の3倍を稼がなければいけないのでしょうか？

企業には直接部門といわれる現場で働く社員と間接部門といわれる事務や経理等の業績に直結しない部署で働く社員で成り立っています。労働分配率の適正値は50％前後といわれています。間接部門の社員は利益を上げられないため、直接部門の社員が間接部門の分まで稼ぐ必要があります。

たとえば、原価を10％削減したら自分の給与がいくら上げられるのか、原価が上がったらいくら給与が減るのかを社員に説明します。

そうすると、社員自らが原価を下げようと積極的に知恵を出し行動するのです。それまで社長が「コストは抑えろ、下げろ」と念仏のように唱えても一向に実現されなかったことが、給与に関わるというだけで、意識が変わるのです。

労働分配率とは

労働分配率は一般的に50～55%が適正値(売上や利益を直接稼ぐ現場人員は33～40%で管理する)。

労働分配率

$$\frac{\text{人件費}}{\text{利益}} \times 100\%$$

(＝ 売上 － 原価)

昔から「給料の3倍稼いだら一人前だ」という言葉があるが、
これは労働分配率33%を表している。
労働分配率を管理すれば営業利益が安定する。

	25期	26期	27期	28期
人件費計	178,239	182,446	201,355	172,016
利益	327,723	294,511	282,779	334,410
労働分配率	54%	62%	71%	51%
営業利益	5,587	-53,261	-79,125	12,333

給与と関連付けることで社員にコスト意識を持たせる

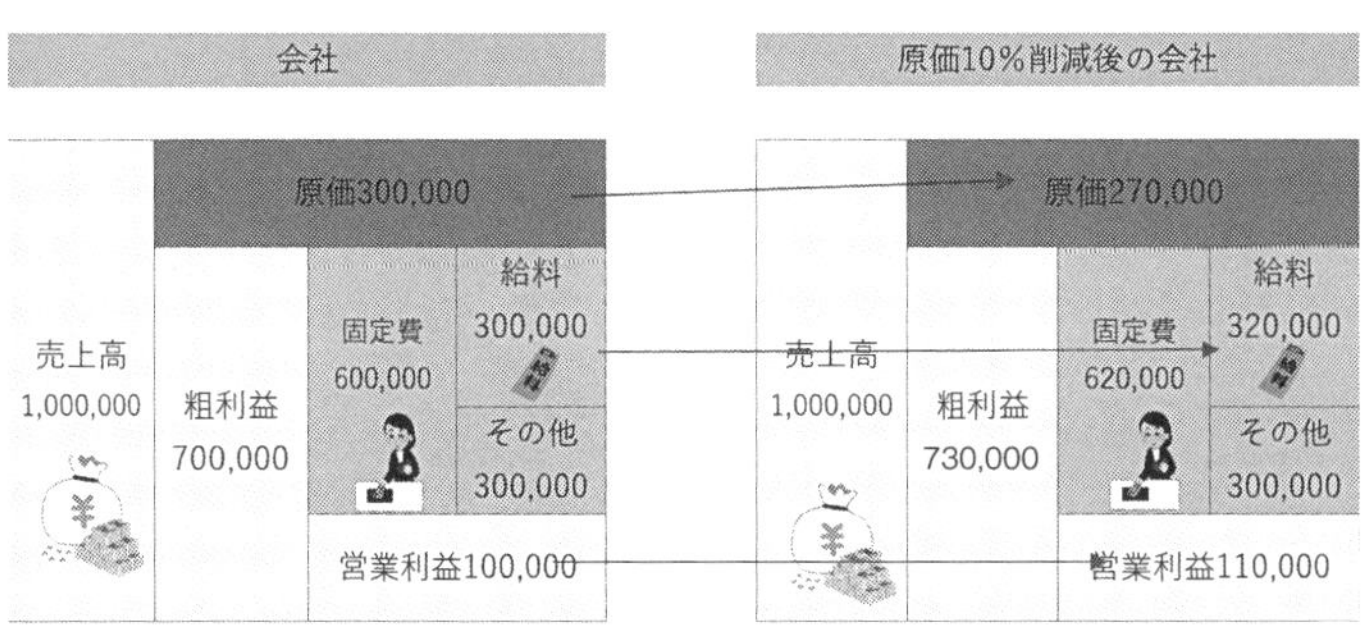

労働分配率を元に支給する賞与が変動する

労働分配率を軸に経営すると、直接部門社員を2つにわけることができます。目標を達成した社員と達成できなかった社員です。人件費を固定化させずに変動させるとなると、企業全体の利益に対して、支給する賞与を変動させる必要があります。なぜなら、給与を毎月変動させることは難しく、賞与で人件費をコントロールする必要があるからです。

社員へ支給する賞与が利益額に応じて常に一定の割合であれば、企業は生み出した利益の中から支給するため、支払いに困ることがありません。困るのは目標未達成の社員です。賞与を社員全員でどのように分配するかを決める際、目標達成した社員のほうが多く配分されるのは当たり前であり、未達成の社員は取り分が少なくなります。

たとえば、社員全体に冬季賞与0・8ヶ月分を想定していた場合、目標を達成した社員には1ヶ月分を支給し、反対に目標を達成できなかった社員には0・6ヶ月分にすることで人件費を調整します。

支給する賞与を変動させることで、一番大きな費用である人件費のコントロールが上手くできます。

労働分配率で社員に賞与を理解させる

●労働分配率で賞与原資をプラスマイナスさせる

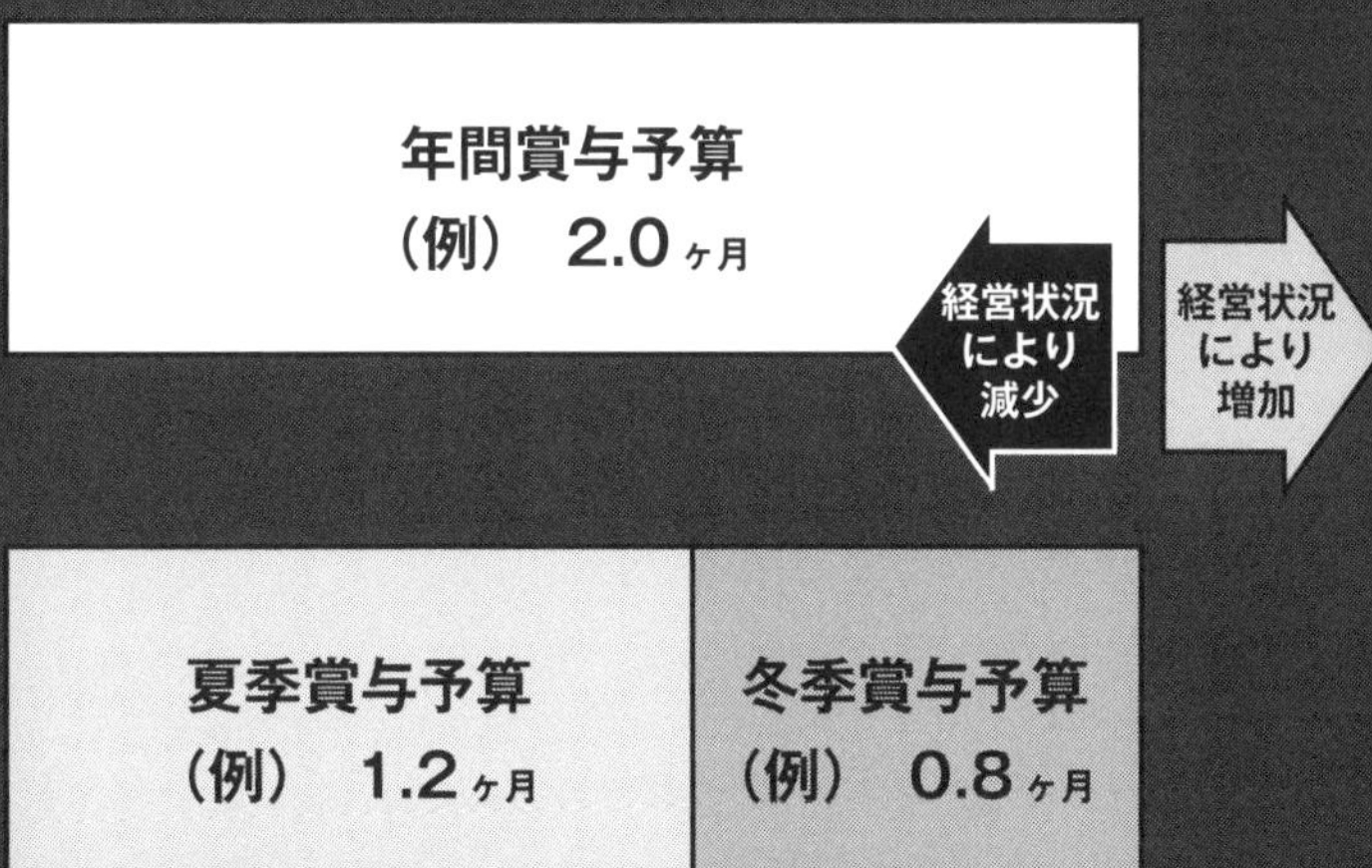

- ●目標損益計算書と共に、人件費で年間賞与額の予算を設定。
- ●（支給月数）×（全社員の基本給合計額）を『年間予算』として設定。
- ●目標利益の超過かつ計画の労働分配率よりも低くなった場合には、賞与予算に+アルファして賞与を支給。
- ●部門の指標の設定から社員に伝えているため、重要性を理解している。

4

競争が社員を育てる

◇労働分配率経営を導入し、結果重視の給与制度で会社が変わる

多くの社長は、人件費を固定費と見ています。しかし、本来は利益の増減によって当然変化するべきものではないでしょうか。利益が上がれば給与が上がる。下がれば給与が下がる。いわゆる結果重視です。

しかし、中小企業の社員は成果に関係なく給与が支払われてきました。それもそのはずです。**結果重視ではなく年功序列の考え方**だからです。

そこで、**労働分配率経営を導入し、社員の給与を年功序列ではなく結果重視の制度にすることが人材育成にもつながります**。人材育成をすることの大きな目的は、甘やかすことではなく、「自立・自律・個人・競争」の風土において人財を育成することにあります。

「自立・自律・個人・競争」の風土を醸成するためには、結果重視に基づく経営をし、労働分配率による人件費の適正な配分を理解させる必要があります。

とはいえ、給与制度に完璧なものはありません。

人件費の価値を説明して、制度のあるべき姿を理解させるのです。そして、誰がいくら

の利益に貢献しているか、労働分配率は何パーセントなのかを明確にすれば、厳しい人事制度でも社員は受け入れてくれます。

社員の間に労働分配率という共通のものさしができることで、社員が自ら知恵を出し、利益を積み上げる。そして、社員の希望する給与を支給できるようになります。そうなれば、人財の定着はもちろんのこと、優秀な人財を採用することもできます。

知恵を出し、良い商品を開発、製造し、価値に見合った価格で営業・販売する（安売りしない）ようになります。このような経営の善循環を作り出すことができます。

労働分配率経営は給与の自覚から

しかし、多くの社員は、自分の給与について内容を理解していません。手取りの給与額しか知らないという方がほとんどで、企業が社会保険、労働保険などを負担していることさえ知らないケースもあります。

希望する給与を支給されるためには、まず自分の仕事の価値を知ること、給与の内容を知ることが重要です。

一日にいくら稼がなくてはいけないかを社員に理解させる

社員に、自分の仕事の価値と給与の内容を理解させる

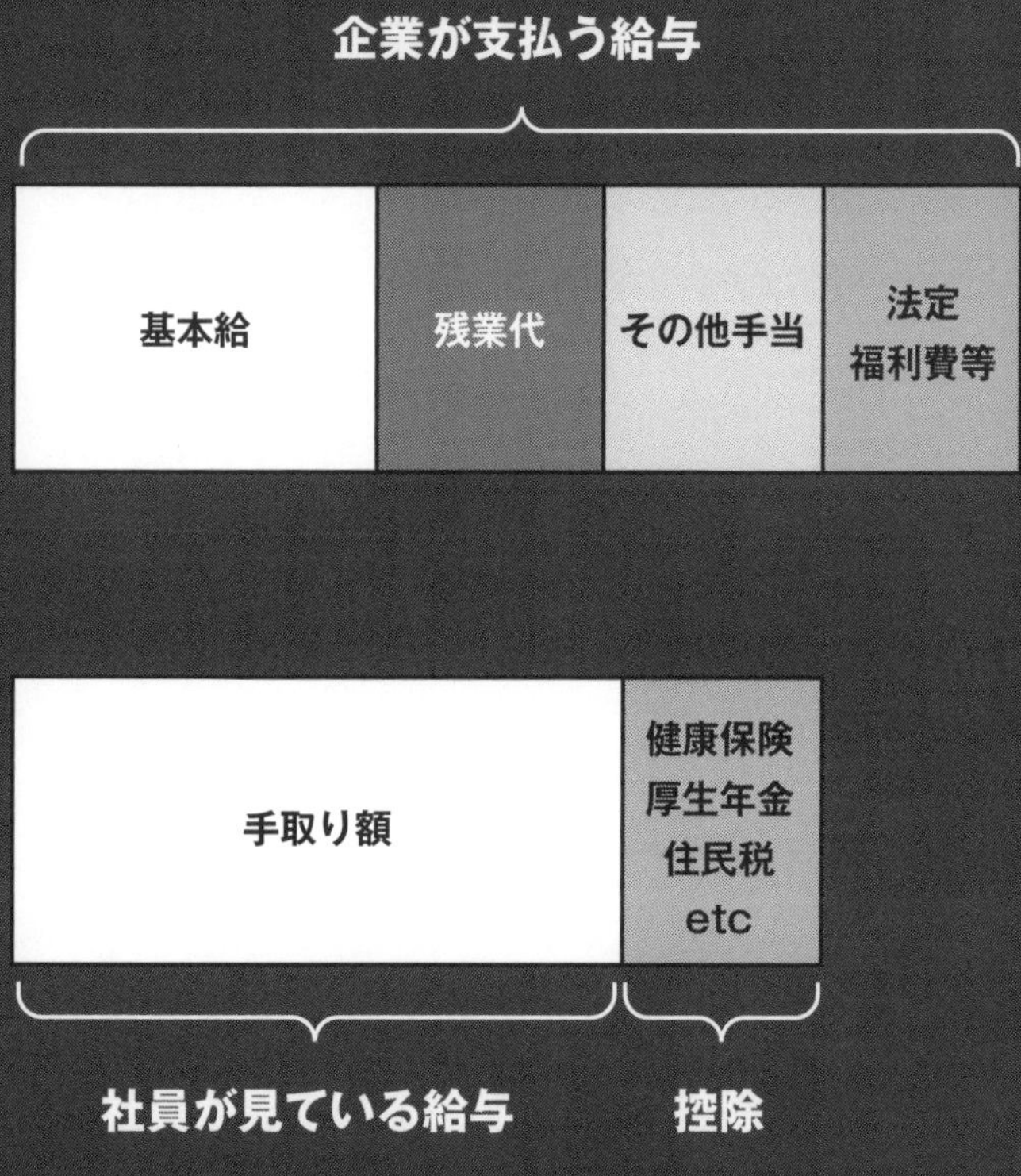

結果重視による給与の決め方でイメージしやすいのがプロ野球選手などです。プロ野球選手などは去年の成績に応じて年俸を決定しています。

8年ぶりに日本に帰ってきた田中将大投手の一球あたりの値段が約78万円相当だと話題になりましたが、これはプロ野球選手だけの問題ではありません。

社員の給与でも、この考え方は当然問題になるべきです。人件費は経費です。故に、経費をかけたら、それに見合うだけの稼ぎが必要です。

それを「必要稼働額」と呼んでいます。

たとえば、年収264万円の社員なら1日当たりの人件費は（月22日出勤として）1万円です。時給換算で1250円となります。これを仮に労働分配率50％で計算すると、その社員の必要稼働額は1時間当たり2500円、1日に2万円の利益を稼がないといけないことになります。このように社員に必要稼働額をしっかり理解させることが重要です。

「どれだけ貢献すれば給与が上がるか明確になりモチベーションが上がった」

「給与を上げて欲しいといっていたが現在の利益貢献では上がらない理由がわかった」

「今まで根拠のない理由で給与が決まっていたのがルール化されて良かった」

必要稼働額を理解した社員からは、こうした声を耳にすることができます。

ただし、間接部門などはこの限りではなく、また、管理職手当なども別の見方で評価する工夫が必要です。

あくまでも必要稼働額と労働分配率が給与を決めるものさしになります。そこで当グループは独自に「クラウド・シップ」という人事評価制度ツールを開発しました。

「クラウド・シップ」で社員のやる気を高める

労働分配率による給与制度を運用していくうえで計数管理・目標管理が重要です。高い目標に挑戦し、いかに達成させるかによって給与や賞与が決まるとお伝えしてきました。「クラウド・シップ」には目標管理という機能があり、企業が求めている目標や各個人の目標を記入します。その目標達成のために進捗を報告することで上司や社長がサポートすることができます。

社員も安心して目標に向かうことができ、上司と部下のミュニケーションが活性化されます。それにより部下の成長の可視化にもつながり評価がしやすくなります。結果として上司は部下の業務把握と管理、そして社員はモチベーションが上がります。

コロナ禍でコミュニケーションが減っている中、当グループでは「クラウド・シップ」のイケメン（イケてるメンバー）という機能を使い、「ありがとう」や「ファイト」といっ

労働分配率経営は給料の自覚から

社員は給料の手取りしか見ていない

初めて知った
自分の人件費

①月額給与	②賞与額年間	③年報酬額 (①×12)＋②	④法定福利費 保険料等	⑤あなたの 人件費 ③×④
150,000	400,000	2,200,000	1.2	2,640,000

自分の人件費と労働分配率から必要稼働額を明確にする

必要稼働額＝人件費 ÷ 労働分配率

労働分配率を 50% とした場合

①年間必要稼働額	…5,280千円（2,640千円÷50%）
②月間必要稼働額	…440千円（5,280千円÷12ケ月）
③１日当たり必要稼働額	…20千円（440千円÷22日）
④時間当たり必要稼働額	…2.5千円（20千円÷8時間）

時給1,250円　／　必要稼働額2,500円

たコメントを送ることにより、在宅勤務で会えなくてもお互いのモチベーションを保つことができました。評価者にはエクセレントといった1ヶ月で4回しか押せない特別なボタンがあり、それをもらったときにはいつも以上にやる気を上げることができました。

また、アンケート機能では、評価終了後に「クラウド・シップ」の運用上よい点や反省点などを記載し、個々の企業にあった運用定着を目指すことができます。

特に企業に対し批判的な社員からの意見は、早急に改善策を講じます。その理由は、批判的な意見がある反面、その社員がやる気になれば、大きな成果が出る可能性が大きいからです。

最終的に目標の達成度やイケメンの活用度を加味したうえで、評価対象者（部下等）の評価を行っていきます。

人事評価制度ツール「クラウド・シップ」を開発

目標管理機能

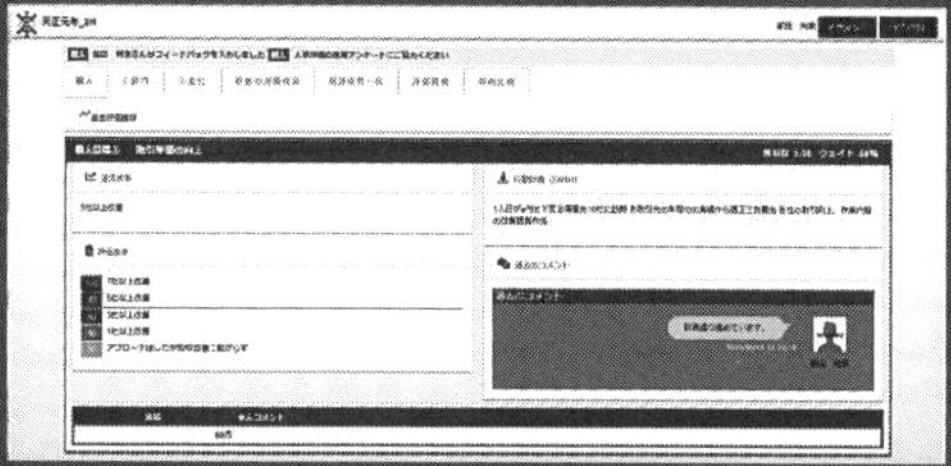

各人が目標を記入し、達成のための進捗状況を報告。

「イケメン」機能

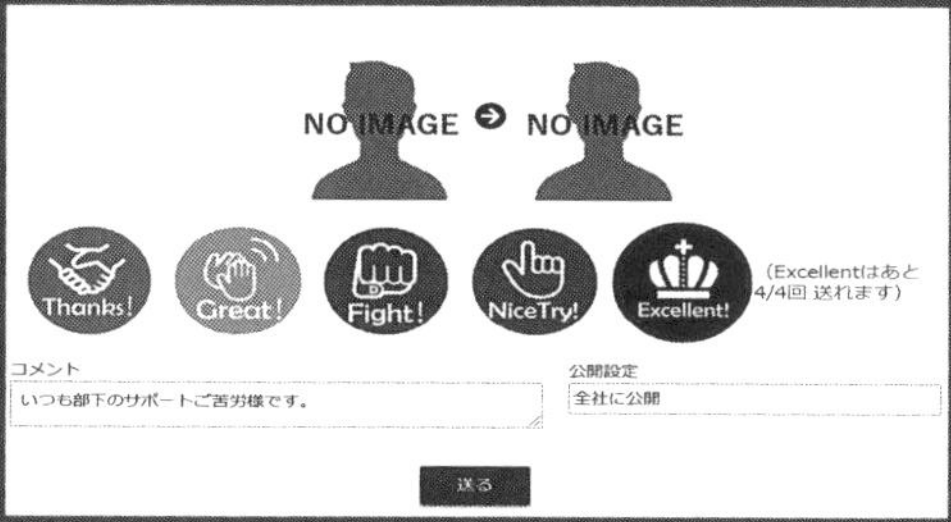

「イケてるメンバー」機能を使ってコミュニケーションをとることでモチベーションアップにつながる。

評価機能

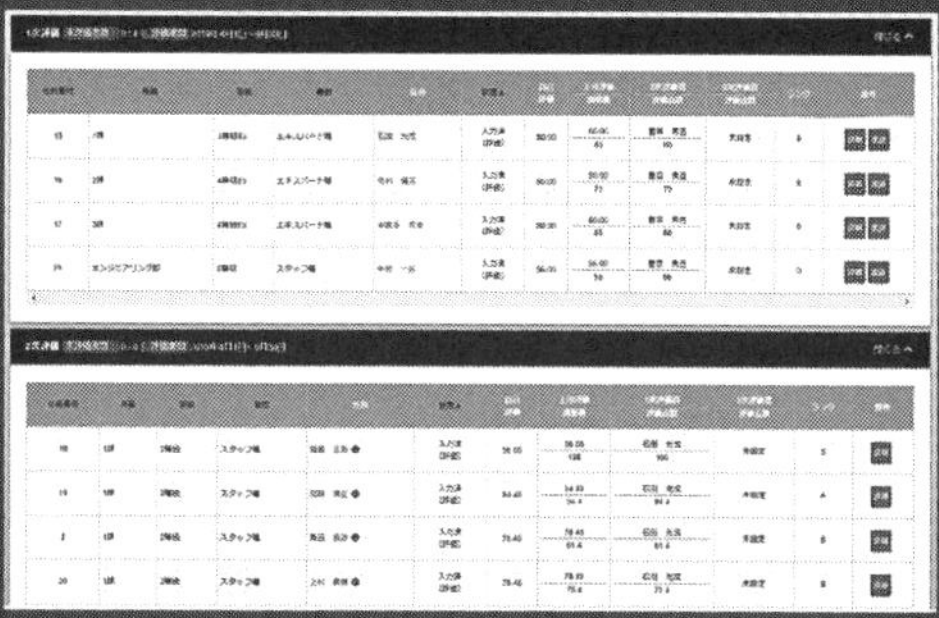

目標達成度合いや、イケメン機能の活用度を見て評価を行う

第5章

【経営改善事例集】

- 【改善事例1】 1年で自己資金約1億1500万円の改善
- 【改善事例2】 若き二代目社長の資金改善への道
- 【改善事例3】 調剤薬局の聖域なき改革への挑戦

1

改善事例❶ 1年で自己資金約1億1500万円の改善

◇27歳で社長就任。徹底した経費削減と得意先への値上げ交渉で経営体質を改善

■会社の概要

企業名	共栄通信工業株式会社
業種	建設業　基地局工事（電気工事・電気通信工事）
所在地	茨城県水戸市
売上高	約５億３０００万円
従業員数	35名

企業紹介

代表の安部徹氏は、１９８２年生まれの38歳。会社を引き継いで11年目の２代目社長になります。

共栄通信工業株式会社に勤めたきっかけは、「高い志を持って電気工事業界を変えてやろうと思った」といえば聞こえはいいのですが、当時、就職氷河期に加えて大学の単位が

足りずに卒業見込みが立たず、家業の会社に入社したのがきっかけだったそうです。

突然の事業承継

創業者であるお父様のがんの再発により、27歳のときに会社を承継することになりました。

当時は安部社長も入社してから5年しか経っておらず、まだまだ半人前だったため、会社を閉めようかとも思っていたそうです。しかし、社員から続けてほしいとの要望もあり、安部社長がそのまま会社を承継することになりました。

承継するときに引き継ぎの準備はしていませんでしたが、会社に借金がなかったこと、社員が辞めずにそのまま残ってくれたことが大きかったとのことです。

安部社長に当時のことをお聞きしましたが、「まったく余裕がなくあまり覚えていません」と振り返っていただきました。

社長就任当時の会社の状況

お父様が他界したことをきっかけに社長に就任しましたが、２０１０年4月に承継した時は運悪く、リーマンショックの影響を大きく受けているタイミングでした。

会社の過去最高売上と比較すると40％以上売上が減少している中での承継でした。

当時は民間工事が売上のほとんどでしたが、安部社長が代表に就任してからは、公共工事にも力を入れ、得意先のルールで仕事をするのではなく、自分たちのルールで行える仕事の幅を少しずつ増やしていきました。

社長就任時に苦労したこと（安部社長談）

1つ目は、先代からの業務引き継ぎがなかったため、仕事関係の方でも「この人は誰だろう」、「どこに行けばいいのだろう」などわからない点が多かったことです。

2つ目は、27歳での社長就任ということで、どこに行っても「あなたが社長ですか？」といった対応をされたのが大変だったそうです。

現在は社長に就任して11年ですが、未だに地元では最年少社長です。

また、そこで相手にされなかった経験を糧に、「経験では逆立ちしても勝てないけど、知識、知恵は絶対に一番になる」と思い続けています。

NBCを知ったきっかけ

安部社長が社長に就任されてから会社の売上は順調に伸びていました。ただ、売上を伸ばしていくと自分自身が辛くなっていくことに薄々気づいていたのです。

当時から本を読むことが好きで面白い本がないかなと、たまたま手に取った本がNBCの書籍でした。

当時は、「売上を下げて資金が増えるはずないだろう」と半信半疑だったといいます。

その後、おもしろいセミナーがあるなと思って参加したところ、「あれ？以前、読んだ本の会社だ」と気づいたそうです。

NBC導入を決めた理由（安部社長談）

NBCのセミナーに参加したときのことです。他社さんの発表を聞いていると、NBCの社員が社長に凄い厳しい意見をいっていたのを目の当たりにしました。

「あんたの会社でしょ！」って。

私たちはお客さんなので、普通は少なからず気を遣うじゃないですか。それが「社長の甘さが会社を悪くしています」って普通言わないよなと感じました。

社長は連帯保証人になって、すべてをかけて会社を経営しています。でも、社員がしたことに対してしょうがない、社員に嫌われたくない、辞められたくないからなどと気を遣っていました。

でも、会社が倒産した時、結局社員は一緒に責任なんか取らずに全部自分の責任です。

倒産したときに自分に与える影響を考えたら、甘い考えを正してくれる人、これが本当のコンサルタントだと思いました。

経費削減の取り組み

最初に安部社長と一緒に経費削減に取り組みました。

会社の営業利益率が2％だったら、たとえば100円のペンを1本買うのに5000円の売上がないと買えないと考え、費用対効果があっているもの、あっていないものを選別し、二人三脚で「今回はこれを削減しましょう」ということを繰り返していきました。

結果、2020年3月から2021年3月までの1年間で848万6000円の固定費を削減することができました。

営業利益率（2・1％）で割り戻すと、約4億400万円の売上を計上することと同等の効果があります。

コロナの影響で売上が70～80％しか回復しなかった場合、固定費が資金繰りを圧迫してしまいます。

売上がコロナ前に戻らない場合でも、会社運営ができるような体質づくりに社長が責任

共栄通信工業株式会社　資金改善シート

共栄通信工業株式会社　資金改善シート　2020年3月～2021年3月

	目標1,000万資金改善		2.1% 営業利益率	
勘定科目	計算式	資金改善額	売上効果	備考
リース料	25,000円×12ヶ月	300,000	14,285,714	自社サーバーの　見直し
車両費	15,000円×1回	15,000	714,286	タイヤ預け代金
現場消耗品費	10,000円×12ヶ月	120,000	5,714,286	固定費削減
広告宣伝費	年間予算の削減	2,500,000	119,047,619	年間予算の削減
水道光熱費	8,000円×6ヶ月	48,000	2,285,714	電気会社の変更
諸会費	10,000円×12ヶ月	120,000	5,714,286	
商品仕入	400,000円×8ヶ月＝3,200,000円	3,200,000	152,380,952	
新聞図書費	15,000円×12ヶ月	180,000	8,571,429	定期購読書解約
接待交際費	60,000円×12ヶ月	720,000	34,285,714	月次予算を作成
通信料	10,000円×12ヶ月	72,000	3,428,571	携帯を解約
福利厚生費	研修費用	1,150,000	54,761,905	
保険料	26,000円×1回	26,000	1,238,095	車両保険
保険料	35,000円×1回	35,000	1,666,667	自動車保険の解約
合計		8,486,000	404,095,238	

を持って取り組まなければなりません。

日ごろから当たり前に使っている経費の中に、埋蔵金が眠っています。

得意先への交渉、値上げ

共栄通信工業様は社員数に応じて、自社で対応できる現場に限りがあります。この限りのある数で薄利多売をしていては利益が出ません。

そのため、対策した点は「会社から遠い現場には行けない」と安部社長から元請の担当者に伝えることでした。

得意先への交渉の目的としては、近くの現場の工事を行うことで、ガソリン代はもとより移動時間のために支払っていた残業代を削減することだったため、合わせて人件費の削減にも繋がりました。それでも仕事をお願いしていただける場合には、人工単価の値上げと交通費、宿泊費をいただくように交渉していただきました。

これによって利益率を約５％改善することができました。

また、金額の大きい工事は工期も長く、会社の立替金額も大きくなるため、協力会社へ支払う分は前受金として支払っていただけないかと併せて交渉していただきました。

1年間改善に取り組んでの自己資金の変化

2020 年 3 月～2021 年 3 月の期間で自己資金 115, 380 千円の改善！

（単位：千円）

改善目標進捗管理－指導開始月からの資金・利益分析－

改善目標額	改善実績額	改善進捗率
50,000	115,380	230.76%

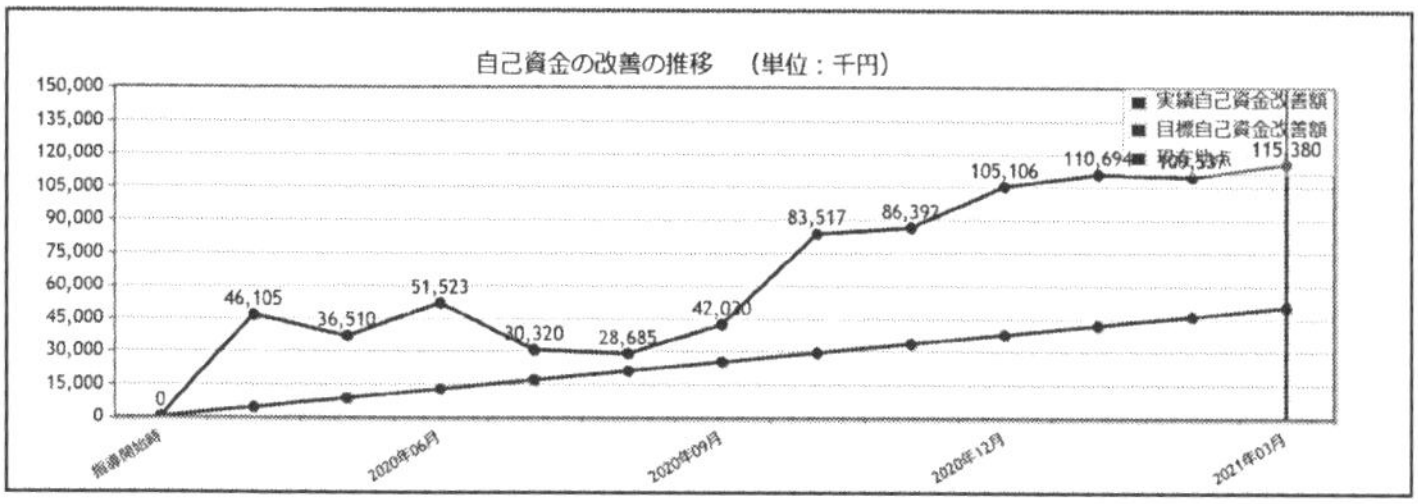

自己資金は大きく増加
115,380円

・Ⅰ　利益　**50,737千円**
・Ⅱ　運転資金　**30,084千円**
・Ⅲ　固定性資産　**21,279千円**
・Ⅳ　その他資産・負債　**13,280千円**

2020年3月から2021年3月までの期間で自己資金は115,380千円の増加！

全ての項目で資金が増加する結果となりました。

素晴らしい改善結果です！

目標設定時からの資金運用報告

＜自己資金＞	2020年03月	2021年03月	自己資金差額 直近-指導開始時
①：現預金	98,498	177,791	79,293
⑨：借入金	1,022,722	986,635	△36,087
差し引き自己資金	△924,224	△808,844	115,380

※自己資金とは、現金、預金から借入金を控除した金額です。

（※Ⅰ、Ⅱ、Ⅲ、Ⅳ、Ⅴを合計してください。）

資金分析はどのようになっているか？

Ⅰ　利益	累計利益
⑫：減価償却前の「純利益」（※「当期純利益」は⑭の金額です。）	50,737

Ⅱ　運転資金収支	2020年03月	2021年03月	運転 資産/負債差額
②：流動資産	71,610	42,592	29,018
⑦：流動負債	16,841	17,907	1,066
運転資金の差異	54,769	24,685	30,084

Ⅲ　固定性資産増減	固定資産の増減
⑤：固定資産の増減	21,279

Ⅳ　その他資産・負債の増減	2020年03月	2021年03月	その他 資産/負債差額
③：その他流動資産	27,992	25,817	2,175
⑧：その他負債	67,001	78,106	11,105
その他資産・負債の差異	△39,009	△52,289	13,280

交渉はすべて了承いただき、立替金額が削減されたことによる運転資金の改善額は約1000万円になりました。

以下は安倍社長のお言葉です。

正直なところ、あまりよくなった感覚はありません。NBCさんの指示に従い、素直に行動していただけなので経過を見せていただいたときは、私が一番びっくりしました。

会社独自の取り組み

共栄通信工業様は、投資の勉強や税金の知識など、社員教育にも力を入れています。たとえばふるさと納税を体験してほしいときには、ふるさと納税を行うことを昇給の条件とした時もありました。

また、安部社長が田んぼを所有しているので、そのお米を入社3年目までの社員には現物支給で提供しています。

仕事が楽しくて人間関係も良いのに、食べられなくてやめていく社員を無くしたかったためです。

結果として離職率は大きく減少し、社員の定着率が安定しました。

また、新型コロナウイルスが蔓延したときには、水戸市、地元の小学校、幼稚園などにアルコールやマスクを寄付しました。水戸市からいただいた感謝状や生徒からの感謝状は、事務所に飾ってあります。

改善に取り組んだ感想（安部社長談）

売上が下がっても会社は倒産しません。会社が倒産するときは現金が回らなくなったときだと教えていただき、素直にＮＢＣさんの話を聞き、必ず行動することを心掛けました。私は疑り深い性格のようで、自身の体験したことしか信用しません。正直、本に出ている人ってたまたまうまくいった人の話を取り上げているだけではないのかと思いましたが、まさか自分の会社が本に載る日が来るとは夢にも思っていなかったです。

新型コロナウイルスの影響が各地で出ておりますが、学んだ知識は一生ものです。資金改善を学ぶのであれば一日でも早いほうが良いとおっしゃっていただきました。１回きりの効果ではなく、その知識は毎年会社の利益に貢献してくれるのですから。

水戸市からの感謝状と生徒からの感謝状

感謝状
共栄通信工業株式会社
代表取締役 安部 徹 様
あなたはこのたび本市にマスクをはじめとする衛生用品を寄贈され新型コロナウイルス感染症対策の推進に大いに貢献されましたここにその御厚意に対し深く感謝の意を表します
令和二年四月三十日
水戸市長 高橋 靖

捜査の過程で、不正受給への関与も浮上した。

渡辺容疑者は父親の死亡届を出しておらず、住民基本台帳には父親が世帯主と

た34人のうち、少なくとも約4割の13人は東京への移動歴があった。30歳代以下の感染者は24人で、全体の約7割を占めている。

一方、県は13日までに感染者3人が新たに退院したと発表した。県内の回復者は計165人となった。

マスク寄贈 お礼の手紙

水戸市立柳河小の児童が13日、市内の共栄通信工業を訪れ、安部徹社長(37)にマスク寄贈に対するお礼の手紙を手渡した。同小6年の小林澪さん(11)は「おばあちゃんと朝から薬局に行ってもマスクを買えず困っていたので、とてもありがたかった」と話していた。

手紙は模造紙に貼っており、この日は6年の10人が全校児童を代表して同社を訪問した。同社は電気工事などを手がけている。新型コロナウイルスの感染防止でマスクが不足していた5月中旬、市を通じて子ども用マスク300枚を同小へ寄贈していた。安部社長は同小の卒業生だという。

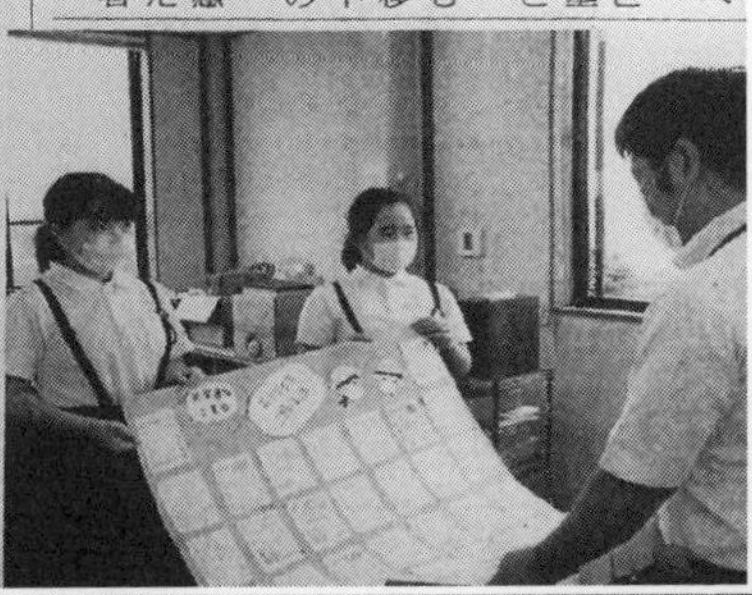

日立	土浦	筑西	古河	鹿嶋	龍ケ崎
80	80	80	80	80	80
26	26	25	26	27	27
18	20	20	19	20	21

現場ごとの利益率改善

工事金額（税抜）		355,000	円		256,000	円		366,000	円		416,000	円		383,000	円
人工	班長	4	人	班長	1	人	班長	3	人	班長	3	人	班長	3	人
	班員	4	人	班員	0	人	班員	2	人	班員	3	人	班員	3	人
	新人	0	人	新人	0	人	新人	0	人	新人	0	人	新人	0	人
作業人数合計	のべ	8	人	のべ	1	人	のべ	5	人	のべ	6	人	のべ	6	人
残業代	0 H	0	円	0 H	0	円	0 H	0	円	0 H	0	円	0 H	0	円
出張費	0 泊	0	円	0 泊	0	円	0 泊	0	円	0 泊	0	円	0 泊	0	円
宿泊費等		0	円		0	円		0	円		0	円		0	円
人件費合計		212,000	円		30,000	円		136,000	円		159,000	円		159,000	円
車両	1BOX	4	台	1BOX	0	台	1BOX	2	台	1BOX	2	台	1BOX	2	台
	軽自動車	0	台	軽自動車	0	台	軽自動車	0	台	軽自動車	1	台	軽自動車	0	台
	ユニック	0	台	ユニック	1	台	ユニック	1	台	ユニック	0	台	ユニック	1	台
	高所	0	台	高所	0	台	高所	0	台	高所	0	台	高所	0	台
	アルミ	0	台	アルミ	0	台	アルミ	0	台	アルミ	0	台	アルミ	0	台
車両費合計		16,000	円		15,000	円		23,000	円		10,000	円		23,000	円
現場経費			円		105,000	円		0	円		0	円		0	円
予備経費		17,750	円		12,800	円		18,300	円		20,800	円		19,150	円
請負費		0	円		0	円		0	円		0	円		0	円
利益額		109,250	円		93,200	円		188,700	円		226,200	円		181,850	円
粗利率		30.77%	%		0.3640625	%		0.51557377	%		54.38%	%		47.48%	%

工事金額（税抜）		0	円		0	円		0	円		0	円		0	円
人工	班長	0	人	班長	0	人	班長	0	人	班長	0	人	班長	0	人
	班員	0	人	班員	0	人	班員	0	人	班員	0	人	班員	0	人
	新人	0	人	新人	0	人	新人	0	人	新人	0	人	新人	0	人
作業人数合計	のべ	0	人	のべ	0	人	のべ	0	人	のべ	0	人	のべ	0	人
残業代	0 H	0	円	0 H	0	円	0 H	0	円	0 H	0	円	0 H	0	円
出張費	0 泊	0	円	0 泊	0	円	0 泊	0	円	0 泊	0	円	0 泊	0	円
宿泊費等		0	円		0	円		0	円		0	円		0	円
人件費合計		0	円		0	円		0	円		0	円		0	円
車両	1BOX	0	台	1BOX	0	台	1BOX	0	台	1BOX	0	台	1BOX	0	台
	軽自動車	0	台	軽自動車	0	台	軽自動車	0	台	軽自動車	0	台	軽自動車	0	台
	ユニック	0	台	ユニック	0	台	ユニック	0	台	ユニック	0	台	ユニック	0	台
	高所	0	台	高所	0	台	高所	0	台	高所	0	台	高所	0	台
	アルミ	0	台	アルミ	0	台	アルミ	0	台	アルミ	0	台	アルミ	0	台
車両費合計		0	円		0	円		0	円		0	円		0	円
現場経費		0	円		0	円		0	円		0	円		0	円
予備経費		0	円		0	円		0	円		0	円		0	円
請負費		0	円		0	円		0	円		0	円		0	円
利益額		0	円		0	円		0	円		0	円		0	円
粗利率			%			%			%			%			%

<現場以外に使用した経費等>

使用場所	使用金額		使用者氏名	使用場所	使用金額		使用者氏名
		円				円	
		円				円	
		円				円	
		円				円	
		円				円	
		円				円	
		円				円	
		円				円	
		円				円	
		円		経費合計	0	円	

<経費一覧表>

班長	30,000	日
班員	23,000	日
新人	11,500	日
残業代	2,500	H
出張費	2,000	泊
1BOX	4,000	日
軽自動車	2,000	日
ユニック	15,000	日
高所	20,000	日
アルミ	15,000	日
予備経費	5	%

売上合計	1,776,000	月間のべ人数	
現場経費	976,800	26	人
ガソリン代			
高速代		粗利率	
現場外経費	0	45.00%	
今月の粗利益額	799,200		

今月のうまくいった現場,反省点などの振返りや今後の受注状況,気づいた事など		今月の班長他班応援	人	今月の班長延べ人数	14 人

記載資料は毎月 15 日までに各班長が先月の現場ごとの利益を報告する資料です。各班長は単月目標の現場利益率を 30%に設定し、現場ごとの工事金額から人工、諸経費の計算まで行っていただきます。安倍社長が利益率の低い現場の管理者向けに対策を講じることで、スピード感をもって資金を増やすことが可能となりました。生み出した利益が賞与支給の原資となりますので、労働分配率経営の観点からも頑張った社員に還元できる仕組みとなりました。

労働分配率の推移

	49期	構成比	50期	構成比	増減	51期	構成比	増減	52期	構成比	増減
原価人件費	214,673		217,309		2,636	206,999		▲10,310	154,882		▲52,117
管理人件費	43,015		38,924		▲4,090	23,713		▲15,211	13,218		▲10,495
人件費計	257,688	44.8%	256,233	36.0%	▲1,455	230,712	43.2%	▲25,522	168,099	39.9%	▲62,612
限界利益	416,544	72.4%	452,111	63.5%	35,566	391,961	73.5%	▲60,150	297,674	70.7%	▲94,287
労働分配率	61.9%		56.7%		▲5.2%	58.9%		2.2%	56.5%		▲2.4%

第52期(2021年3月累計)の労働分配率は56.5%となっております。進行期のため概算数字とはなりますが、直近4期で一番生産性の高い状態となりました。経費の中で一番大きな人件費のコントロールができれば、会社の営業利益も計上しやすくなります。

金融機関格付け

第51期

	評価項目	分析値	単位	評価点	満点	10点満点換算
Ⅰ 定量評価【安全性】	①自己資本比率	20.0	%	14	20	7.0
	②借入金依存度	74.9	%	1	10	1.0
	③債務償還年数	15.6	年	3	5	6.0
	④インタレストカバレッジレシオ	3.4	倍	2	5	4.0
	⑤企業規模	7.1	億円	2	5	4.0
【収益性】	⑥期間利益傾向	0		0	10	0.0
	⑦売上高経常利益率	1.0	%	2	10	2.0
	⑧総資本経常利益率	0.5	%	0	5	0.0
【成長性】	⑨売上高増加率	15.4	%	3	5	6.0
	⑩経常利益増加率	28.4	%	5	5	10.0
Ⅱ 定性評価	⑪経営者(資産背景等)	普通	－	2	5	
	⑫経営能力	普通	－	2	5	
	⑬返済実績	延滞なし	－	0	0	
	⑭市場動向	成熟期	－	3	5	
	⑮競争状態	競争が激しい	－	1	3	
	⑯営業基盤	基盤あり	－	2	5	
	⑰シェア	普通	－	2	5	
	⑱競争力(技術力・商品力等	普通	－	2	5	
	合計			46	113	

※金融機関による貸出先企業評価は、社会情勢や評価目的、金融機関自体の経営環境によって大きく異なります。当評価はあくまで経営戦略の参考にして下さるようお願い申し上げます。

与信格付ランク

得点合計	ランク名称	ランク	債務者区分
100以上	S		正常先
75～99	A		
61～74	B		
41～60	C	★	
36～40	D		要注意先
21～35	E		
11～20	F		
0～10	G		要管理先
0以下	L1		破綻懸念先
	L2,L3		実質破綻先、破綻先

第52期

	評価項目	分析値	単位	評価点	満点	10点満点換算
Ⅰ 定量評価【安全性】	①自己資本比率	22.1	%	14	20	7.0
	②借入金依存度	71.0	%	1	10	1.0
	③債務償還年数	15.6	年	3	5	6.0
	④インタレストカバレッジレシオ	3.8	倍	2	5	4.0
	⑤企業規模	4.2	億円	1	5	2.0
【収益性】	⑥期間利益傾向	2		10	10	10.0
	⑦売上高経常利益率	8.1	%	10	10	10.0
	⑧総資本経常利益率	2.5	%	1	5	2.0
【成長性】	⑨売上高増加率	-33.0	%	0	5	0.0
	⑩経常利益増加率	22.6	%	4	5	8.0
Ⅱ 定性評価	⑪経営者(資産背景等)	普通	－	2	5	
	⑫経営能力	普通	－	2	5	
	⑬返済実績	延滞なし	－	0	0	
	⑭市場動向	成熟期	－	3	5	
	⑮競争状態	競争が激しい	－	1	3	
	⑯営業基盤	基盤あり	－	2	5	
	⑰シェア	普通	－	2	5	
	⑱競争力(技術力・商品力等	普通	－	2	5	
	合計			60	113	

※金融機関による貸出先企業評価は、社会情勢や評価目的、金融機関自体の経営環境によって大きく異なります。当評価はあくまで経営戦略の参考にして下さるようお願い申し上げます。

与信格付ランク

得点合計	ランク名称	ランク	債務者区分
100以上	S		正常先
75～99	A		
61～74	B		
41～60	C	★	
36～40	D		要注意先
21～35	E		
11～20	F		
0～10	G		要管理先
0以下	L1		破綻懸念先
	L2,L3		実質破綻先、破綻先

与信格付ランクは C ランクから変更はありませんが、点数は 46 点から 60 点にアップ！ 前期から大きく変わった点は収益性です。大きく評価点がついており、期間利益傾向と売上高経常利益率は満点をもらえるまで改善しています。

今後会社をどのようにしていくか

安部社長より今後の会社方針についてお話を伺いました。

自分の予測では45歳とか50歳くらいで引き継ぐと思っていましたが、父の病気もあり、私は27歳という若さで社長に就任しました。15年社長をしてもまだ42歳です。27歳という年から社長をしたことで第二の人生、第三の人生を送ることができます。今まで学んだ知識をもとに、社員にもその知識を共有し、知恵に変えていただき、まずは私がいなくても自走できる組織にしたいと思います。

また、以前から自分の時間を自由に使うというコンセプトから、社員は共栄通信工業の社員でありながら、会社の主役だという考えを持ってほしいと思っています。

もともと備えていた攻めの力とNBCさんで習得した守りの力を使い、お世話になっている方々に恩返しをして、大切な人を笑顔にすることのできる「笑顔創造会社」になります。

そして、次の目標は私の生まれ育った町、水戸市への社会貢献は何かを考え、子供たちの教育や楽しいまちづくりに携わり、NBCさんで学び得たたくさんの知識を知恵に変え、夢をかなえるためにはどうしたらよいのか、一歩踏み出す勇気を持ち、行動するためにはどうしたらよいのかをたくさんの子供たちに伝えていきたいと思います。

2

改善事例❷
若き二代目社長の資金改善への道

◇「どんぶり勘定の昭和の建築業」が、わずか14ケ月で自己資金約2300万円改善

■会社の概要
企業名　有限会社新興建築サービス
業種　人材派遣業（大手ゼネコンへ施工図面作成の人材を派遣）
所在地　東京都足立区綾瀬
売上高　約2億円
従業員数　22名

当初の状況

2019年4月に先代社長であるお父様が急逝され、引き継ぎもままならない状況で後継者の及川晃一氏は社長に就任しました。及川社長は、学生時代に経営学・会計学を専攻されていたこともあり、うまく経営する自信があったようですが、実際に経営に乗り出すとわからないことばかりで焦りだけが募っていたそうです。

改善成果

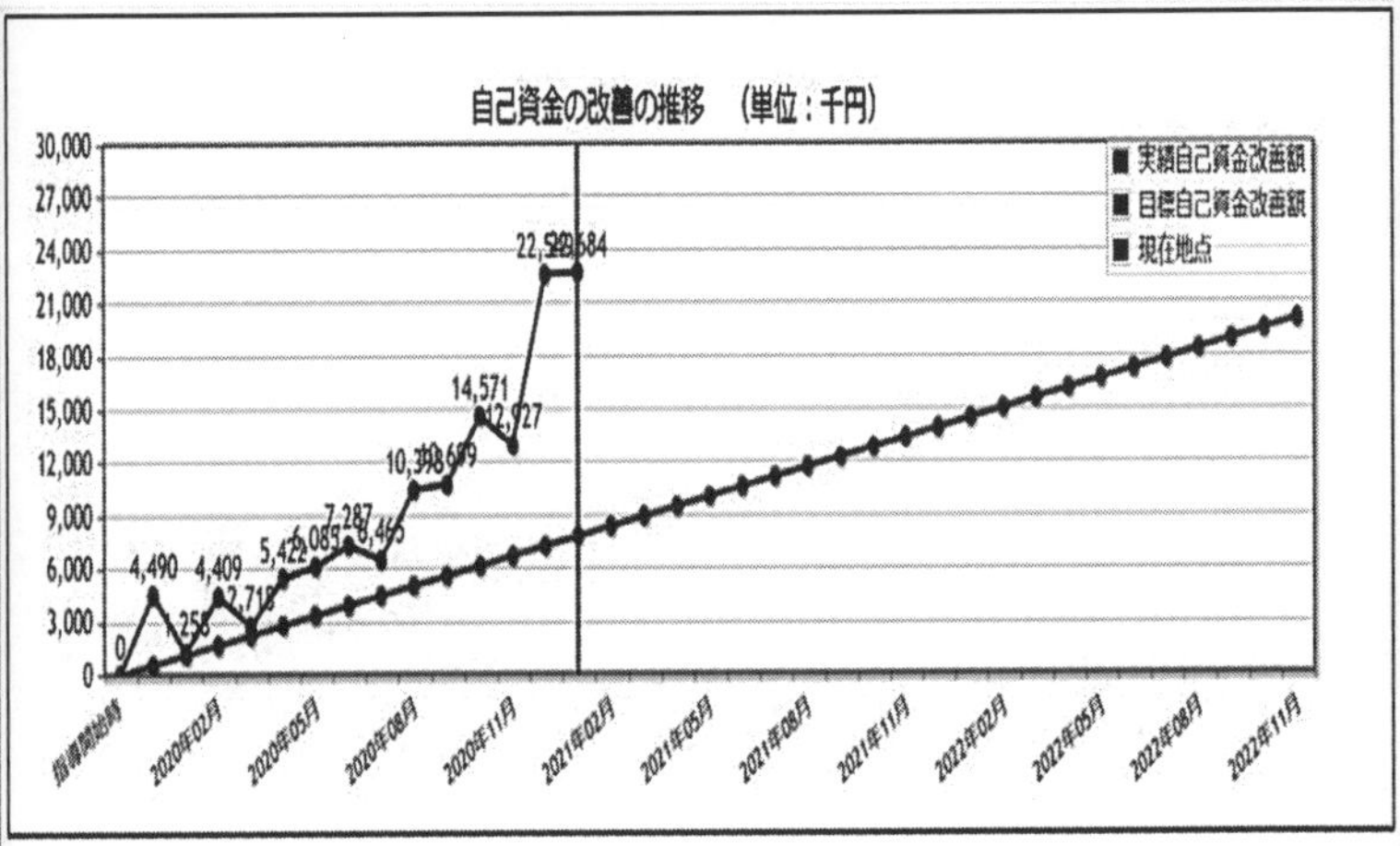

僅か14カ月で自己資金22,684千円を改善！

若き2代目社長は真の経営者へ生まれ変わった！

先代から引き継いだ時点で、総額約4000万円（4銀行から計13本）の借入金を抱えていました。何から手を付けていいのか判断もできず、運転資金や借入金の返済で資金が減っていく状況が続いていました。

そのような中、少しでも知識を身に付けようと多くの経営セミナーに足を運ばれたようですが、巷のセミナーは精神論や空論ばかりで自社の実態に合わず、暗中模索の状況だったようです。

当時の心境についてインタビューした際、及川社長は「いつも資金繰りのことが頭から離れず、夜も眠れない日々が続いていた」と語っています。まさに資金で苦しむ社長そのものだったのです。

NBCとの出会い

及川社長は、2019年6月にNBCセミナーを受講されました。

その時の心境を及川社長は次のように語っています。

「私は理路整然と資金について語る講師の姿に心を打たれました。自分の中では学生時代、経営と会計を専攻してきましたし、簿記の資格も持っていたので経営はわかっていると思っていました。しかし、経験と知識が不足しており撃沈でした。まずは数字に強くなりたいと思い、ＮＢＣさんの指導を仰ぎ、二人三脚で歩んでいこうと決意しました。

また、社長に就任して半年経過し感じたことは、予想以上に社長業は孤独であるということです。弱みを社員には出せない中で、経営コンサルタントの方であれば愚痴や本音を語れるパートナーになれるのではないかという思いがありました」

改善前の状況

新興建築サービス様を一言でたとえると「どんぶり勘定の昭和の建築業界」でした。

- 関連会社が2社あり、実態把握が困難。
- 銀行からは、数字に弱いところを突かれ、必要以上の借入金を抱えている。（年間１００万円の利息を垂れ流していた）。
- 経費を異常に使う体質。儲かったら税金として取られるから全部使ってしまえ、という考え方。
- 納税時の資金繰りが厳しく、借入金に頼らなければならないという悪循環。
- どんぶり勘定のため試算表は融資を受けるときのみ作成。
- 税理士と話すのは決算時だけ。

先代は抜群のカリスマ性と技術を持って社員を引っ張っていましたが、経営管理はルーズだったのです。及川社長はそのような運任せで、勘と経験だけの経営状況を改革したいという思いを強く抱いていました。

資金改善で最初に取り組んだこと

まず、最初に取り組んだことは、「社員の声を聞くこと」でした。

及川社長自らが社員と面談をし、本音を聞くことから始めていただきました。すると、次のような実態が見えてきました。

・会社に対する大きな不満はない。ただし、それは興味がないという気持ちの表れだった。
・人間関係が大切な仕事にもかかわらず、社員とのコミュニケーションは希薄な状態。社員も経営陣が何をしているのか一切把握していない。信頼関係がない。
・業績が苦しくても、危機感なし。多くの社員が他人事。

及川社長は、これから改善に向かって、この仲間たちと共に戦えるのかと大きな不安を抱いていたようです。しかし、この面談を機に、毎月社員との面談を重ね、お互いに胸の内や考えを理解できるようになりました。

改善・第二ステップ

次に取り組んだことは「営業ではなく経理とタッグを組むこと」でした。

一般的には、業績を改善しようと思うと営業マンと連携し、売上を伸ばすことに集中しますが、資金改善では売上を下げて資金を増やすという戦略を取るため、経理担当者に資金改善の考え方や理論を理解してもらい、会社の資金を守るという意識に切り替えていただきました。会社の資金を握っているのは経理であり、経理の協力姿勢が肝心だったのです。

経理担当者の当時の心境

どんぶり勘定で、資金繰りが厳しいことも多々ありました。

支払時期を乗り越えると次の支払の心配。決算時には帳尻合わせ。数字を合わせることに必死で、毎月の利益や会社の資金等、誰も実態を把握できていなかったように思えます。

代替わりを機に、新社長の社内改革が始まりました。

専門家の指導を受けることとなり、いったい何が始まるのだろうかと、当時は少々不安な思いもありましたが、直ぐに払拭されました。

それまで曖昧だった社内のルールが明文化され、経費の無駄を徹底的に無くすことに成功しました。

経費を予算化することで、長年蓄積されてきた悪しき習慣も無くなり、会社の未来が大きく変化したのではないでしょうか。

数字で結果を残すことができ、大変うれしく思ったものです。

無駄な物・事はどんどんと排除され、会社として大きく生まれ変わることができました。

資金を残すこと

経理の協力も得ることができ、改善に向けて希望の光が見えてきました。

「資金を増やせば勝ち、減らせば負け」を合言葉に、資金が残らない要因を調べ、対策を講じていきました。

具体的な取り組みは次の通りです。

- ☑ **赤字だった部門の撤退**
- ☑ **不要だった携帯電話の解約**
- ☑ **特定の社員だけに支給していた手当の廃止**
- ☑ **電気代の見直し**

☑ 各種会費の見直し
☑ 交際費のルール化、予算縮小
☑ 倒産防止共済の解約
☑ 社内備品の管理、購入ルールの設定
☑ 借入金の条件交渉による支払利息の削減
☑ 使途不明金の撲滅 その他

効果は見る見るうちに表れてきました。月末の支払い時期に、常に預金残高を気にしていた状況から、余裕がある状態へと変化し、危機を脱しました。

及川社長の心境（経費削減について）

経費削減に初めて取り組んだ際、最初は見通しが甘く、何度も1円単位まで見直してくださいといわれたのを覚えております。

何度も見返すことで、固定費なので削減が難しいと思っていた光熱費や通信費、リース代などが削減できました。

さらに、試算表上では交通費と一括りで管理していた科目を細分化したことで、今まで曖昧になっていたガソリン代や駐車場代、車両費など把握できるようになり、予算管理の意識が高まりました。

そして、1円単位まで社長決裁を徹底しました。「明細がない支払や期日を守らないものは認めない」というルールを設け、社員にもお金の大切さや厳しさを伝えました。

総務が持っている会社の金庫の鍵を回収し、物理的かつ強制的に小口現金を使えなくしました。小口にいたるまで社長決裁にし、代表者印も常に私が持ち歩くようにしています。

借入金の整理と金融機関交渉

資金改善に乗り出してからは、メインバンクとサブバンクの2行を選抜して、条件面や営業の対応姿勢など把握した上で、強気に対応していただきました。具体的には各銀行の金利削減、債務保証を外すことを目指しました。結果的にすべての融資先で及川社長の債務保証を外すことができました。

及川社長は、「債務保証が外れたことで、精神的にかなり楽になった」と語っています。

コロナ融資もあり、現状は無担保無利子で借りられているため、年間支払利息は20万円程となり、2年前と比べて約80万円の削減につながっています。

銀行には、社長が「数字に強い」、「経営能力がある」、「会社の実態を数字を使いながら

実際の主要経費の改善前と改善後の対比

勘定科目	前期	今期	前期比
リース料	796,081	143,780	−652,301
水道光熱費	491,020	368,526	−122,494
消耗品費	443,418	769,501	326,083
本部地代家賃	6,230,049	3,493,910	−2,736,139
保険料	264,506	526,740	262,234
修繕費	284,407	30,000	−254,407
租税公課	238,559	668,740	430,181
接待交際費	3,204,979	1,055,064	−2,149,915
車両費	0	267,476	267,476
ガソリン代	786,295	531,720	−254,575
高速代	0	761,491	761,491
駐車場代	0	126,093	126,093
その他旅費交通費	1,648,264	88,362	−1,559,902
通信費	442,266	291,752	−150,514
諸会費	119,750	12,000	−107,750
会議費	403,569	118,834	−284,735
雑費	3,308,197	393,643	−2,914,554
広告宣伝費	0	200,000	200,000
運賃	2,500	15,564	13,064
新聞図書費	6,894	59,189	52,295
【関連会社】経費	309,313	403,422	94,109
	18,980,067	10,325,807	−8,654,260

伝えられる」ことを認識していただき、親身になって話を聞いてくれる良い関係を築くことができました。

予算設定と資金繰り表

改善前は、計画を立て、行動に移すという基本的な仕組みがなく、行き当たりばったりの経営が当たり前になっていました。

どんぶり勘定から脱却するために、まずは予算設定や資金繰り表を作成し、それらを毎月運用しながら振り返りを行いました。

現在では、予算も詳細に設定することができるようになりましたが、運用当初は及川社長自身も理解できていない費用が多く、何度も予算修正をすることになりました。

そして、資金繰り表も、目先の数ヶ月間の資金繰り表ではなく、今後1年間の予想を捉えることにこだわりました。

資金が増えていくのか減っていくのか条件を変えてシミュレーションすることで漠然とした不安感を明確な危機感に変えていただきました。そのことで及川社長自身が「このままだと現預金が減るから社員に周知して対策を打とう」など迅速かつ戦略的に行動に移すことにつながりました。

結果的に、及川社長自らが早急に手を打つことで実際に資金も増え、精神的にも楽になったようです。

こうした取り組みについて、及川社長は次のように語っています。

「改善当初は予算設定や今後のシミュレーションを何度も繰り返しました。裏を返せばそれだけ予算設定が難しいということと、損益計算書や貸借対照表、資金の流れを理解できていないということを痛感しました。

特に経費の項目の接待交際費や消耗品費に至る細かいところまでチェックしていくことで実際に数字に強くなり、資金の増減や損益計算書を違和感なく捉えることができるようになったことが一番良かったです」

社長自ら営業し新規受注を取ってくる

社員の人生を背負う経営者であれば、自身の力で成果を上げることが必要不可欠です。そこで、及川社長には自らで営業を行い、成果を上げることをすすめました。

元々、特定の得意先への依存度（売上構成比）が高く、リスク要因となっていました。及川社長が新規営業で成果を上げることで一社依存の体質を変えることができました。

また、実際に営業に取り組むことで、現場の苦労も身に沁み、仕事・社員の大切さに気付かれたと思います。

時代の波に乗れ！ 資金を増やす取り組み

及川社長は、巷で同一労働同一賃金が騒がれる頃、派遣単価の交渉に乗り出しました。結果的に月契約単価の見直しにつながりました。

2020年4月からの改定でしたが、顧問社労士の意見を聞きながら、部長とも資料を作成され、入念に準備・対策したことが功を奏した要因です。

社員一人ひとりの給与とマージン率等から、社員の能力をランク付けした独自の査定表を作成し、納得感のある説明で交渉に臨まれました。

闇雲に交渉するのではなく、なぜ、この金額なのかという根拠を提示し、先方も納得しやすい雰囲気を作っていきました。

交渉相手である先方にとって、最も衝撃だったのは、社内の数字（業績や給料まで）を先方に伝えることだったようです。包み隠さずに交渉したことで信頼を得ることにもつながりました。

社長は一人ではない！ 業績検討会で我が社を見つめなおす

ＮＢＣでは、毎月４、５社の代表者にお集まりいただき、お互いの月次試算表や瞬間くん® のデータを元に業績を発表する機会を設けています。巷の異業種交流会や経営者向けの勉強会では、表面的な話しかできず、売上規模を誇ったり、自慢話に明け暮れたり、不景気を嘆くだけの集まりが多いと思います。

しかし、ＮＢＣでは、自己資金という定義を用いて、「我が社の資金がいくら増えたのか？」、「自己資金が増えた要因はコレだ！」「課題を抱えているが、他の業界ではどう対処しているか？」など会社の内情にまで踏み込んで交流の場を作っています。

及川社長も参加当初は資金について理解できていない部分がありましたが、他社の経営者が自社の数字を明確に語る姿を目の当たりにし、「自社の数字とちゃんと向き合えば、私も自社のことを具体的に発表できるようになれる」と、数字に強くなりたいと思うきっかけになったようです。

またそれ以外にも、業績検討会という場は、代表者が普段社員に話せない思いや秘めていること、ときには悩みや愚痴までさらけ出せる発散の場になっています。

及川社長は「お互いの会社を丸裸にして公表しあっているからこそ仲間意識と信頼性が高まり、息抜きの場にもなっている」と語っています。

結果的に、業績検討会の参加者同士の信頼が高まり、ビジネスパートナーとしてお取り引きにつながった企業もあります。

及川社長の心境（瞬間くん®の使用について）

瞬間くん®は、すぐに分析結果が出ますが、なぜこの数字なのだろう？

この数字はどうやって計算したのだろうと思うときがありました。

関連会社の数字を合算して集計しているので複雑さに拍車をかけていました。

そこで瞬間くん®に入力して出した月次最終損益と顧問税理士事務所が出した試算表と月次予算業績管理表の損益が一致するか【答え合わせ】をしました。

毎月、瞬間くん®を入力することで、会社の数字がどのような構造か理解できるようになり、月次試算表や瞬間くん®を見るだけで異常値に気付くようになりました。

何度も、試算表や瞬間くん®、業績管理表を見直すことで科目も頭に自然と入るようになり、利益の求め方や自己資金の増減の仕組みなども把握できるようになりました。

こういった答え合わせをすることを他の代表者様にもおすすめしたいと思います。

最後に一言

改善した成果が見る見るうちに出てくるようになり徐々に嬉しくなってきました。

また担当コンサルタントの方に業務内容や改善内容を日報報告することで1日の振り返りになりますし、私一人ではなく二人三脚で取り組む励みになりました。

社長の責任で資金改善に取り組むことの大事さと意義を痛感しました。

日報のやり取りをする中で、次の言葉をいただきました。

真のリーダーには常に試練が襲い掛かる。
レベルが高いほど苦労の荷物が大きくなるのは
人間社会の宿命と法則である。

この言葉が私を救ってくれました。

途中何度もトラブルや壁がありましたが、ぶれずにやり遂げることができたのはＮＢＣのおかげだと思います。

社員に直接言うと角が立つことも、担当コンサルタントの方に間に入って伝えてもらうだけで価値があると思いますし、本当に感謝しております。

ワークライフバランスも改革

育休や子育て支援にも取り組み、令和3年度足立区ワークライフバランス認定企業として足立区長から表彰されました。建設業界はブラック企業体質という先入観を払拭するべく、労働環境改善にも取り組まれました。

資金改善は目先の「お金の改善」と思われがちですが、社内体質の改善でもあると捉え取り組んでいます。

3 改善事例❸ 調剤薬局の聖域なき改革への挑戦

◇門前薬局として新たな顧客ニーズを開拓。1年で自己資金約2100万円の改善

■会社の概要

企業名	有限会社メディケア
業種	門前調剤薬局
所在地	静岡県三島市（他、愛知県名古屋市内に2店舗）
創立	1998年
売上高	約4億円
従業員数	15名（パート含む）

社長の危機感

「このままでは薬局を続けられないかもしれない……」

2018年の晩秋、メディケアの原田社長はほぼ確定した9月の決算数値を見ながら、漠然とした不安に駆られていました。営業赤字に転落してしまったのが理由の一つではあ

りましたが、そもそも今までの経営方針で間違いがないのかという疑念が、以前にも増して膨らんでいたのです。

もちろん、今まで無策であったわけではありません。時代の変化を機敏に感じ取り、将来への危機感を抱いていた原田社長は、薬剤師としての業務の傍ら経営者として、業界のトレンドをいち早く取り入れたり最新設備を導入したりするなど、大変勉強熱心であり投資に対しても積極的でした。しかし、「本当にこれで良いのか」という疑問と、思うように社長の意図が伝わらない現場とのギャップに悩まれていたのです。

そうしたときに日経新聞でＮＢＣのセミナーを知り、「何か違う視点が得られるかもしれない」とセミナーに参加いただいたことが、ご縁をいただいたきっかけです。

従来の薬局のビジネスモデル

従来の薬局の主要なビジネスモデルとして「門前薬局」というものがあります。これは勤務医などが独立しクリニックを設立するタイミングや、すでにある医療機関の近隣に調剤薬局を開設し、医療機関が発行する処方箋の「独占」を図るものです。門前薬局は一度出店さえすれば一定の収入が見込めるため、近年では調剤薬局の約7割は門前薬局という形態となっています。

また、薬局のビジネスモデルの特徴として、「収入が国によって定められている」ということがあります。日本には国民皆保険制度があるため、患者が薬局で処方薬を買い求める場合、医療費の自己負担は総額の1～3割にとどまります。そして薬局は、残りの医療費を「調剤報酬」という国が定めた全国一律のルールに基づいて、健保組合などの公的医療保険機関から支払いを受けられるため、利益を確保しやすい業種といえます。

なお、薬局で処方箋に基づいて行う「薬の調剤」という行為は薬剤師の独占業務であるため、薬剤師の報酬水準は高くなります。

競合の増加

このように薬局、特に門前薬局は元来、「絶対に損をしない」業種であり、また患者の安心安全を重視する「医薬分業」（薬の処方と調剤を分離し、それぞれを医師、薬剤師という専門家が分担して行うこと）の意識の高まりもあって、近年はその数を急激に増やしてきました。その結果、薬局は日本全国で5万9000店を超え、今やコンビニやガソリンスタンドよりも多くなっています。また、調剤薬局を併設する大手ドラッグストアは出店攻勢を強めており、市場環境は厳しさを増しつつあります。

商流の変化

変化は患者と薬局との間でも起きています。

たとえば、薬剤師が処方薬を提供する場合、患者に対面しての服薬指導（処方薬の薬効や副作用などの情報提供を行うこと）が原則ですが、昨今の新型コロナウィルス感染症対策として、限定措置ながら処方薬の配送とオンライン（映像や音声）による服薬指導の範囲が広がりました。なお、処方箋そのものをオンラインで扱う、「電子処方箋」が導入されることがすでに決定しています。

また、アメリカでは最近アマゾンがオンライン薬局を開局したり、ウーバーが処方薬の配達を開始したりするなど、従来の流通形態にとらわれない手法が登場しており、日本でも将来、実店舗をともなわない薬局が出現するかもしれません。

そのほか、数はまだそれほど多くありませんが、処方箋なしに医療用医薬品を買える「零売薬局」が登場しつつあります。患者は病院での受診が不要なため、短い待ち時間で薬を購入できるのがメリットです。

このように、患者と薬剤師が直接会わなくても処方薬を入手できる環境が整いつつあるため、門前という好立地を活かして処方箋を独占する従来のビジネスモデルは、将来成り立たなくなる可能性があります。

つまり薬局が単なる物流倉庫と化し、日本全国の薬局が競争相手になるかもしれないのです。

調剤報酬の改訂

収入面でも変革が迫られています。処方薬の売上を左右する調剤報酬には、処方箋1枚当たりの収入や薬剤の販売単価があらかじめ定められています。したがって、収益を最大化するためには、処方箋をより多く集める「客数重視」の販売戦略と、原価を抑えて売価との差額（薬価差益）を追求する仕入戦略の強化が定石となります。

しかし、近年の医療行政は、年々増加する医療費を抑制しつつ、今までの薬剤中心の「対物業務」（処方箋の受け取りや保管、薬の調製、処方箋通り薬が処方されているかを確認する薬剤監査など）から、患者中心の「対人業務」（複数の薬の飲み合わせなどの処方内容チェックや服薬指導、在宅訪問における薬学管理など）を重視する方針に転換しつつあり、それに合わせて調剤報酬の見直しが進んでいます。

つまり、門前の医療機関以外からの処方箋も多く集め、サービス品質を向上させないと、どんどん売上が低下してしまうのです。

薬剤師の業務の見直し

いままでは聖域と考えられていた薬剤師の業務についても、見直しが進んでいます。

たとえば、従来薬剤師のみに許されていた薬剤のピッキングは、２０１９年4月からは非薬剤師が行うことが可能となりました。また、薬剤を小分けにしてまとめるような作業は、分包機などの導入による機械化が進んでいます。

このような薬剤師でなくても行うことができる業務の拡大で、薬剤師は「安全地帯」であった調剤室から出て積極的に「お客様」に向き合い、同時に薬局経営の効率化を進めることが一層求められています。

ご支援当初の状況

メディケア様も、従来の門前薬局のビジネスモデルにのっとり店舗数を増やし業績を伸ばしてきました。しかし、このビジネスモデルの大きな経営リスクとして処方箋、つまり集客を依存している近隣の医療機関の経営状況に左右されやすいというものがあります。

実際、ＮＢＣが支援を始めた当初は、静岡県内にもう1つ店舗を構えていました。しかし開業医が亡くなり以前ほど患者様を受け入れられなくなった影響で処方箋が減った結果、大幅な減収で薬剤師の人件費や家賃などの固定費負担が重くのしかかっていました。

また、調剤報酬という仕組みで売価が決められており、公的負担分の代金が未回収になる心配もないため、社員の資金に対する意識も低下しがちです。そのため現場では、無駄な経費が発生していても削減があまり進んでいませんでした。

業務内容についても、どうしても「処方箋を受け取って調剤して患者に渡す」という定型的なものになりがちで、「お客様」へもっと向き合う余地が残されていました。

どこに課題があるのか

以上のような環境を踏まえ最初に行ったことは、会社のどこに課題があるかを発見し対策を検討するための「現況調査」です。

まず数値面では、前期までの自己資金の推移を分析すると、大幅なマイナスとなり悪化傾向でした。これはもちろん、2018年(20期)に赤字を計上したことが大きな原因です。

また、現場社員のアンケートや面談からも、「OTC商品(処方箋が不要な商品)の販売には特に力は入れていない」、「新しく導入したシステムが十分活用されていない」など、やや受け身な姿勢が見受けられ、収益や資金に対する意識についても必ずしも高くはありませんでした。

確かにOTC商品の売上高に占める割合は微々たるものですし、システムの習熟にはある程度時間がかかるものもありましたが、「地域住民と継続的な関係を構築し、健康を維持向上させる中心的役割を担いたい」、「業務を効率化して現場の負担を少なくしたい」という原田社長の思いとはかけ離れたものでした。

危機感の共有

「会社として変わっていかなければならない」という原田社長の思いと、社員の認識との隔たりが大きいことが浮き彫りになったことはショッキングでしたが、現状維持は許されません。そこで、社内で危機感を共有し改善の方向性を検討するため実施したのが「企業研修会」です。そこで会社の数値状況を学び社員が本音で語り合うことで、「メディケア」としての一体感をより強固にし、社員一人ひとりに「会社の課題は自分自身の課題でもある」と捉えてもらうことが狙いです。実際ワークなどを通して、さまざまな改善アイデアが出てきました。

原田社長も「これほどしっかり社員が会社のことを考えてくれていたのは大変ありがたかった」と勇気づけられたそうです。「社長は孤独ではない」、そんなことを改めて感じさせる企業研修会でした。

直近3年間の自己資金の推移

<自己資金>	17期	19期	20期	3期間 (20期-17期)	20期 (20期-19期)
● ①+①a：現金+預金	40,064	37,422	33,449	⬇ △6,615	⬇ △3,973
● ⑩+⑩a+⑩b：借入金	17,823	7,887	22,703	⬇ 4,880	⬇ 14,816
差し引き自己資金	22,241	29,535	10,746	⬇ △11,495	⬇ △18,789

※自己資金とは、現金、預金から借入金を控除した金額です。

OTC商品の陳列の様子

おひさま薬局

よつば薬局

OTCに力を入れていない店舗。。。
～おひさま薬局、よつば薬局～
POPなどもほとんどなく、
商品数もスカスカ。
ただ置いているだけという状態。

商品も後ろに引っこんでいたり、一点ずつしか置いていなかったり、
買っていいモノなのかすら良くわからない陳列状態。

数値を軸にした判断

企業研修会で改善の方向性や役割を共有できたため、早速資金改善に取り組んでいきました。

まずは最も取り組みやすく、早期に効果が発揮されやすい経費削減です。資金を減らしていた主因が不採算店舗にあったことは明白でしたが、近隣の医療機関は営業を続けており処方箋も発行されていたため、患者様への責任もあることから細々と営業は行っていました。

このため、当初は原田社長も「今まで成功してきた門前薬局というビジネスモデルで何とかなるのではないか」という淡い期待を抱いていましたが、「まずは社長による率先垂範で手本を示すことが大切である」と決心していただき、入念に準備して医療機関が閉鎖するのに合わせて円滑に撤退することができました。

社長の確固たる姿勢に刺激を受け、社員も現場レベルで改善できることに取り組みました。たとえば、日々使うレジ袋のような些細なものであっても、1円でも改善成果が期待できるものには徹底的にこだわりました。ポイントとしては、概算でもよいので改善額の仮説を立てて、数値に基づき判断する「クセ」を習慣化する中で、資金に対する意識を高めていくことです。

企業研修会・課題についてのワーク

企業研修会の様子

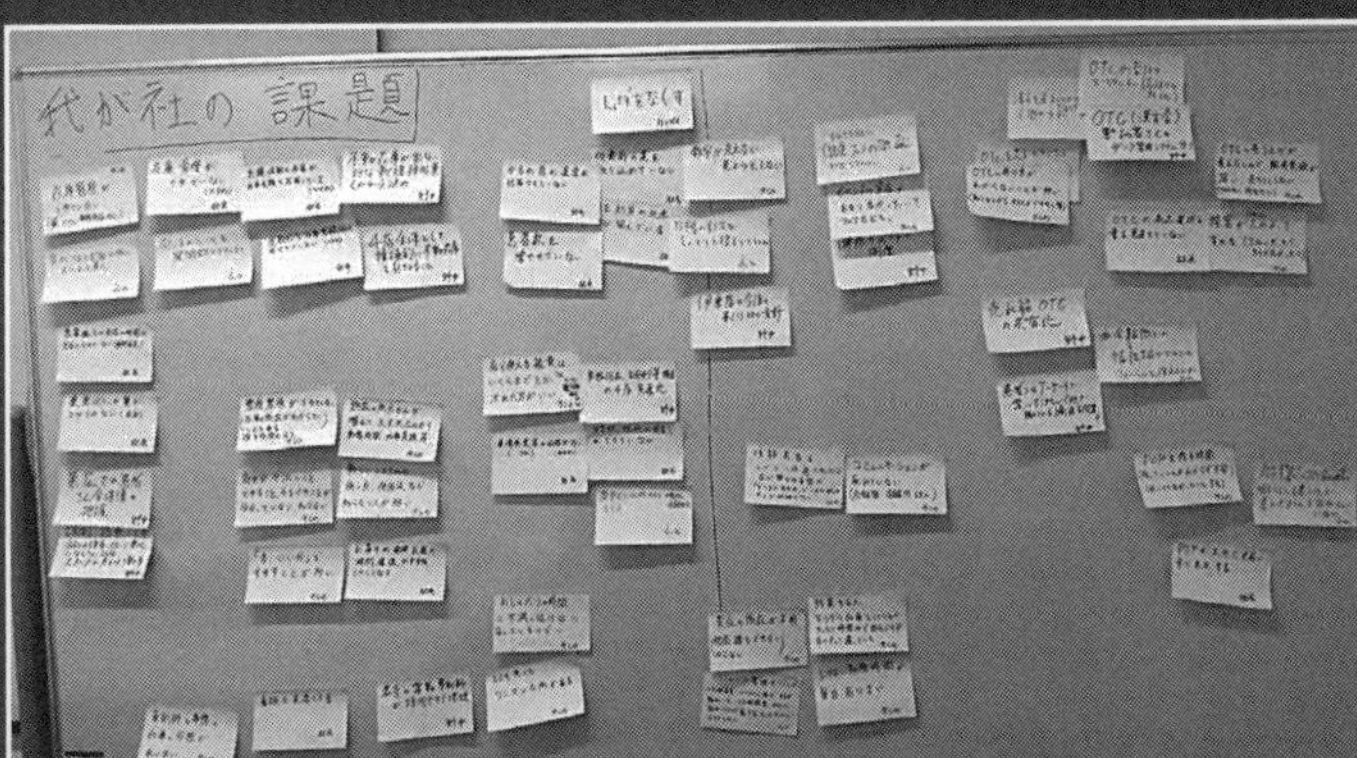

我が社の課題についてのワーク
皆で話し合いながら課題を抽出しました

結果、1年間の取り組みで改善件数は54件、改善額は1162万2000円となりました。「まさかこんなに資金改善するなんて…。ちりも積もれば、ですね」と幹部の方も効果を実感されていました。

目標達成への意識を高める

次に取り組んだことは目標管理の強化です。特に処方箋枚数や薬剤料売上以外の数値、たとえばOTC商品（保険外売上）やKakari（電子お薬手帳）の登録者数の推移、健康相談の件数など、お客様としっかり向き合うことで高められる指標について明確に目標設定し、実績を毎週更新しています。結果は表やグラフでわかりやすくまとめ、店舗責任者だけでなく社内でも共有しました。

また、数値による結果だけでなく、改善の取り組みのプロセスにも注目しました。具体的には毎月、店舗管理者が社員と話し合い、取り組む目標と結果の振り返り、反省を行います。翌月以降の行動改善なども含めた話し合いの内容は、「振り返りシート」に記録し改善活動の習慣化を図りました。結果、社員の活動に対する参画意識を高めただけでなく、店舗管理者が「明確な指示を出しやすくなった」と述べるなど、部下管理能力の向上や育成機会の増加にも役立てられています。

資金改善ーおひさま薬局三島店

最終更新日： 2020/8/12

年月日	取組内容	計算式(年換算、単位：円)	改善額	備考
2019/7/20	タオルの値下げ交渉成功！	(500－200)×5枚×4週間×12か月＝	72,000	レンタルとも相見積もりした。
2019/4/1	薬袋ﾗﾍﾞﾙｼｰﾙ4、8円から紙0,24円に！	(4,8－0,24)×9000×12か月	492,480	
2019/4/1	一包化幅80mmから70or60mmに！	分包紙月3箱が2箱に30、432×12か月＝	365,184	
2019/4/1	薬袋安いところに変更2,8円から1,35円に	(2,8-1,35)×8823×12か月=	153,516	
2019/7/25	レジ袋小安いものに変更！3ヶ月で5000枚	(2,3-1,4)×20000=	18,000	
2019/7/25	レジ袋大安いものに変更！1年で2000枚	(4,9-2,4)×2000=	4,800	
2019/7/26	雑誌クラッシー中止	月770円×12か月=	9,240	
2019/5/16	プリンターのインク変更ブラック23本3ヶ月18、676減	(2092-1280)×23×４＝	74,704	
2019/5/16	プリンターのインク変更シアン11本3ヶ月減3、993減	(1043-680)×11×４＝	15,972	
2019/5/16	プリンターのインク変更ﾏｾﾞﾝﾀ7本3ヶ月減減2、541減	(1043-680)×7×４＝	10,164	
2019/5/16	プリンターのインク変更ｲｴﾛｰ7本3ヶ月減2、618減	(1054-680)×7×４	10,472	
2019/5/18	会議駐車場代400円/1回	400×12か月＝	4,800	
2019/8/1	在庫日数0、1か月削減・デッド処理・在庫札作成など	在庫日数月１日減月４２万×１２か月	5,040,000	在庫日数を３０日から２９日に減
2019/8/1	お茶の定期購入減月１回から３か月に１回	５０００×１２－５０００×４＝	40,000	各自自己調達・種類減らした
2019/8/1	タオルクリーニング代を減らす	タオルクリーニング２００×（１２－７）×48	48,000	タオル交換器具乾燥のタオルを手拭きに使用
2019/9/7	駐車場代削減	400	400	
2019/6/11	お茶代節約	１５０×２０×１２	36,000	
2019/9/7	歓迎会予算削減８０００－５５００	２５００×９	22,500	
2019/9/11	メモ用紙作成	１５０×２０×１２	36,000	
2019/8/30	ペットボトル以外のお茶購入なし	５０００×１２＝	60,000	お茶の購入はペットボトルのみ
2019/7/1	紙コップ不使用	２００×１２	2,400	

【資金改善の一覧表（抜粋）】

目標数値管理表【比較】

目標数値管理表【比較】　おひさま薬局　最終更新日：　2020/6/6

	5月	単月						
No.	項目	①前年	②目標	③本年	③－①前年差	③÷①前年比	③－②目標差	③÷②目標比
1	処方箋枚数	2,183枚	2,200枚	2,237枚	54枚	102.47%	37枚	101.68%
2	技術料売上	6,305,230円	6,000,000円	6,502,230円	197,000円	103.12%	502,230円	108.37%
3	後発医薬品調剤率	88.97%	88.50%	90.31%	1.34%	101.51%	1.81%	102.05%
4	保険外売上	94,367円	150,000円	99,099円	4,732円	105.01%	▲50,901円	66.07%
5	保険外売上利益額	32,033円	50,000円	42,020円	9,987円	131.18%	▲7,980円	84.04%
6	保険外売上利益率	33.95%	33.33%	42.40%	8.46%	124.91%	9.07%	127.21%
7	保険外売上客数	79人	110人	79人	0人	100.00%	▲31人	71.82%
8	保険外売上客単価	1,195円	1,364円	1,254円	60円	105.01%	▲109円	91.99%
9	kakari新規登録者数	0人	5人	18人	18人		13人	360.00%
10	Kakari離脱者数	0人	0人	0人	0人		0人	
11	Kakari総登録者数		72人	132人	132人		60人	183.33%
12	在庫日数	28日	27日	28日	0日	100.00%	1日	103.70%
13	健康相談件数	0件	5件	5件	5件		0件	100.00%
14	かかりつけ薬剤師指導料	6件	10件	9件	3件	150.00%	▲1件	90.00%
15	在宅患者訪問薬剤管理指導料	0件	0件	0件	0件		0件	
16	居宅介護支援指導料	9件	10件	8件	▲1件	88.89%	▲2件	80.00%
17	重複投薬・相互作用防止加算1(40点)	2件	2件	0件	▲2件	0.00%	▲2件	0.00%
18	重複投薬・相互作用防止加算2(30点)	5件	5件	16件	11件	320.00%	11件	320.00%

【数値管理の例】

振り返りシート

振り返りシート　**1月**　**おひさま薬局**

※「誰・いつ・何を・どのように・いくら」の要素を盛り込むこと。　作成者：

	目標	結果	次月へ向けてのアクション
客数	1、引き続きkakariの紹介継続、わからない方にはインストールの手伝いをする。 ２、コロナの流行で早く帰りたい患者様がいるので状況に合わせた投薬をする。待ち時間のかかる患者様にはアナウンスをする。 ３、引き続きkakariをお勧めする。高齢者には普通のお薬手帳で手帳のあるなしの薬代の違いについて説明していく。 ４、以前おひさまで薬をもらっていた方の家族の投薬時に来ていないご家族の状況確認してうちでもほかの病院の薬誤用し出来ることや待ち時間の短縮方法などについて説明しうちに薬を任せてほしいとお話しする今月中に2名声掛けする。 5,かかりつけ薬局の必要性をアピール、他の医療機関の薬もご用意できること説明する。	1、手帳忘れの方に薬代の違いを紹介した。待ち時間の案内をすることでイライラする方が少なくなった。 ２、手帳による値段の違いを説明することにより手帳を持ってくるようになった患者様がいた。 ３、kakariをお勧めするとインストールする方が増えた。 ４、一度他局で薬をもらっていた患者様家族にきちんと対応して薬局としてできることを説明したらまた処方箋を持ってきてくれるようになった。	１、引き続き手帳の必要性。Kakariのおすすめをしていく。予約患者を待たせることがあるので優先して監査投薬をしていく。 ２、引き続き患者様対応で他院の処方箋を持て来てもらえるようフォローを継続する。
客単価	１、風邪の漢方薬セットができたので紹介販売していく。寒くなって乾燥によるかゆみの訴えもあるのでOTCの塗り薬のおすすめをする。 ２、漢方をお勧めするにあたり飲みにくさや味を伝えられないので自分で似たような症状が出たら漢方薬を飲んでみるなどで製品の紹介をする（かっこう正気散は独特の香りがするので飲んだ後口直しが必要など）。 ３、健康相談の時に漢方薬を紹介する。投薬時にお困りごとなどなどの話が出たらOTCを勧める、乾燥肌にはヘパリンやプロペトメンソレータムADなど、風邪症状があっても病院に行きにくいので風邪薬の漢方薬を勧めする、よろず健康相談を2名受けるようにする。 ４、漢方薬の風邪薬をお勧めする、投薬時に関連のワードがあれば話を発展させてOTCをお勧めする。OTCおすすめコーナーの見直し、1個1個の商品にもポップを付ける。	1、漢方薬は投薬の流れでおすすめしたが購入に至らなかった。飴は購入していただけた。 ２、風邪症状の患者は車で待っていることが多いため、漢方薬をお勧めできなかった。 ３、漢方の風邪薬は販売に至らなかったしょうが糖、板藍根の飴など少し売れた。 ４、漢方薬は案内する機会がなかったが、飴などは（スースーするので鼻ずまりの時はいいよ）は説明できた。 ５漢方薬が売れるリピーターが来ると客単価が伸びた。症状を聞きながらOTCを販売しそのあとフォロー（どうだったか確認したり感想を聞くと）すると再購入してもらえた。	１、花粉症のシーズンになるのでおすすめのOTCも変えていく。 ２、配置薬としても漢方薬を勧めるようにする、今症状があるからではなくて症状が出たらすぐに使える薬として漢方薬を勧める。
経費その他	１、予製チェックと薬の札の見直し継続。 ２、ポップの作成見直し継続。OTCの棚を華やかにする。 ３、おひさま薬局ニュースのスタッフ紹介とクイズの継続。 ４、調剤ミスを防ぐため私語を慎む。予製のチェックをする。 ５、調剤ミスによる薬の破棄を減らす。 ６、DPC内のデッド価格が５０%になったのでMSNの６０%で売れるときに優先して売る。時期で売れるOTCの管理をする。在庫管理の徹底、発注が来月再来月でよいものは引き続き記載しておく。予製をしまうときに予定日を過ぎている方をチェックする。無造作に発注箱に入れられた箱のチェックをする。薬の棚の在庫数に気を付ける。患者さんにも自分でチラシをとれるようにチラシを前に	1、私語については気を付けてはいるが慎めない時あり。注意散漫になった。 ２、今月は調剤ミスによる薬の廃棄が減った。 ３、発注する際は注意し来月発注のものにはポストイットをつけた、予製をチェックししばらく来ない人を抜き出す。 ４、ポップを作ったが小さすぎた。在庫を見直し予製にした患者様数名作った。OTCのチラシを待合にも出してみた、少し持って行ってもらえた。 ５、MSNで売れないデッドをDPCで売っている（割引率が違うため）。K社の事件でまとめ買いしているものもあり在庫が増えるはずがみんなの努力で28日程度で落ち着いている。	１、引き続き気を付けて調剤する。 ２、もっと目立つポップを作る。包装の大きいものの回転を見直し小さくできるもの、大きくしたほうがいいものを確認する。札の見直しをしたので次月でいいものは次月の発注。 ３、予製で在庫をコントロールできるものはコントロールしていく。

【振り返りシート（例）】

コミュニケーションの活性化

社内コミュニケーションについては、社内用SNS（ワークプレイス）を積極的に活用することで改善を図りました。

システム自体は以前から導入されていましたので、毎月の振り返り以外でも最大限活用することにしたのです。ワークプレイス上では、改善テーマごとにスレッドを作成して投稿してもらうだけでなく、NBCからも直接アドバイスをしたり、店舗責任者からも社員に発言を促したりすることで、「誰がどのような活動に従事しているのか」がリアルタイムでわかるようになりました。

また、スレッドでは写真などのデータも投稿が可能なため、文字情報だけでは伝えきれないことも気軽に共有でき、「いいね」のボタンを押すだけでも互いの努力を認め合うことができます。結果、店舗間で連携した改善活動も促進でき、互いを尊重する雰囲気が醸成され、組織活性化にも貢献しています。

「相手を無視したり否定したりせず、まずは受け入れることが大切ですね」と、円滑なコミュニケーションを行う工夫についても、幹部の方は再認識されていました。

お客様としっかり向き合う

企業存続のためには、処方箋枚数を増やすだけでなく、普段から地域住民の健康を守る役割を果たしていくことも重要です。

そこで、門前以外からの新規顧客の来局を促すことを狙い、「健康フェア」を開催しました（現在は新型コロナウィルス対策のため休止中）。

健康フェアでは、体組測定や花粉症対策など、調剤以外に関するテーマを設定しました。そしてまずは健康フェアを通して薬局の認知度を向上させ、「薬をもらう」という機能以外の役割を理解いただき、親しみを抱いていただくことが狙いです。イベント開催についてはほとんど未経験でしたが、告知方法、チラシの作成と配布、当日の運営、アンケートの作成などを、社員を巻き込んで行いました。

また、イベント当日は健康相談を受け付け、開催後も電話やメールなどを通してこまめにアフターフォローしました。その結果、お客様の家族の来局につながっただけでなく、薬剤師やスタッフが調剤以外でお客様と向き合う機会が増え、「何がベストか」を常に考え、接客力や商品企画力を強化することができました。

いままで見逃していたお客様のニーズをくみ取り、同時に新たな挑戦を推奨する良い機会となったようです。

ワークプレイス

ワークプレイスによるリアルタイムのやり取り

フェア当日の様子

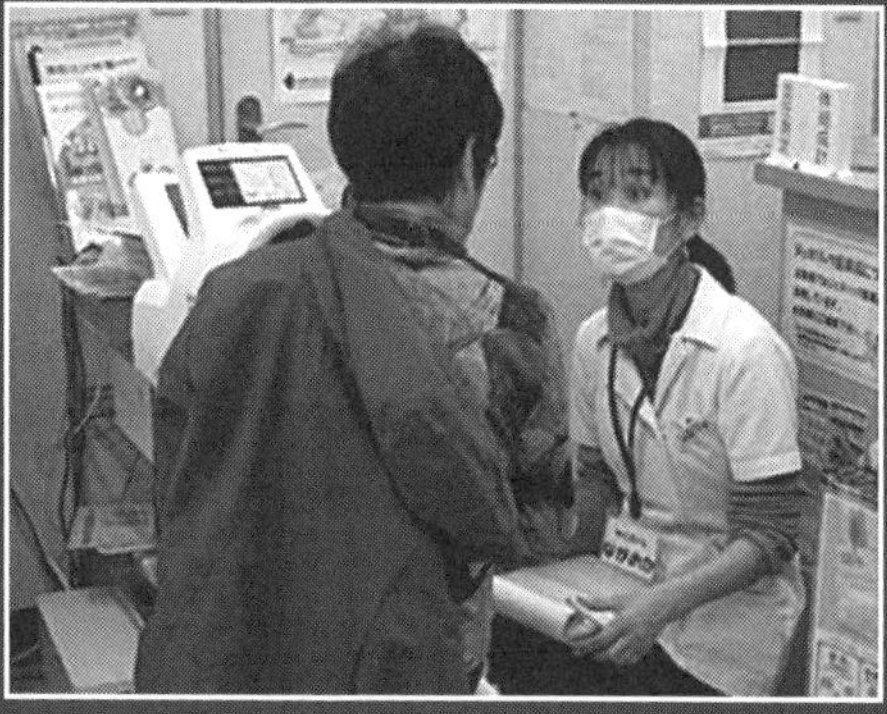

フェア当日の様子…普段カウンター越しに行う接客とは異なることに注目

資金改善の活動を通して

さまざまな資金改善に取り組み始めて9ケ月ほど経過し、決算を迎えたタイミングで、改めて振り返りのための研修を行いました。

まず自己資金ですが、主に利益額の改善が大幅に進んだことにより、2101万3000円も増やすことができました。

数値以外の部分でもNBCが支援を開始する前の段階と比較して、どのように変わったか、社員の皆様に振り返っていただきました。

まず自分自身については「在庫管理を意識するようになった」「コスト削減やOTCの売り上げアップを常に意識するようになった」など、確実に数値を軸とした考え方が定着していることがわかります。

また、自分以外について変化したことについては、「皆で話し合うようになった」「資金改善案がよく出るようになった」など、社員間のコミュニケーションが確実に活発になっている様子がうかがえます。

加えて、「一層資金改善を進めるため」という視点からも、まだまだ多くの改善のアイデアが提示されました。現状維持に甘んじず、環境変化に合わせて自身も変わっていこうとする姿勢が体質として定着しつつあることがわかります。

「今回の取り組みの目標はもちろん資金改善でしたが、社内での数値管理、コミュニケーションの工夫や活性化、そして何よりも私と幹部の率先垂範による改善への強い意識が、会社全体をより良い方向性に向かわせる原動力であったと思います。

仮に調剤報酬の改定で、医薬品の販売による収入が頭打ちになったとしても、お客様中心の店づくりをより強化していけば、企業存続に不安を抱くことはないでしょう（原田社長）」

原田社長の薬局事業に対する将来の希望と自信を高めることができた、良いご縁をいただけました。

自己資金の改善経過

<自己資金>	19期	20期	21期	2期間 (21期-19期)	21期 (21期-20期)
■ ①+①a：現金＋預金	37,422	33,449	51,759	⬆ 14,337	⬆ 18,310
■ ⑩+⑩a+⑩b：借入金	7,887	22,703	20,000	⬇ 12,113	⬆ △2,703
差し引き自己資金	29,535	10,746	31,759	⬆ 2,224	⬆ 21,013

※自己資金とは、現金、預金から借入金を控除した金額です。

自身について変化したこと

【自身について変化したこと】
- 在庫管理を意識するようになった
- 数字を気にするようになった
- 節約を意識するようになった。
- 飲み物は水筒持参するようになった。
- 在庫管理を更に細かくやるようになった。
- 仕事がたまらなくなった。
- 効率化やムダなことを常に考えるようになった。
- 医薬品の在庫に関して以前より注意深く不動在庫の確認をするようになった。
- 資金改善になる方法で仕事を考えることがあたりまえになった。
- コストの削減やOTCの売り上げアップに常に意識するようになった。
- 発注やピッキングの際に使用量と薬価を考えられるようになった。

自身について変化したこと

【自分以外について変化したこと】
・皆で話し合うようになった。
・在庫管理に力を入れてくれるようになった。
・気がついた事を言ってくれるようになった。
・節約を皆意識するようになった。
・効率化やムダなことを省いたり実践することで資金の改善につながっている。
・仕事に対する意識が変わった。特に資金改善に関して目的意識を持つようになった。
・資金改善案がよくでるようになった。
・費用対効果の考え方ができるようになった。

自身について変化したこと

【自身が資金改善を一層進めるために】
・引き続き 在庫を意識したり 無駄な事に気づいたら管理者に報告相談していく。
・パート薬剤師を含む勤務シフト制が出来たら、必要な時に必要な労働力で現場を回せるのではないかと思う。
・OTCに関してはもっと登録販売員を活用出来たら、お届けも含めて売り上げ貢献につながるのではと思う。
・もう少し漢方薬を勉強してさらに自信を持ってお勧めして漢方リピーターを増やしたい。
・薬の包装単位の見直しのスパンを短くすること。
・OTCの売上を伸ばすため商品知識を深める。
・もっと他にやれることがあるので日々の業務の中で発見するようにする。
・自分に何ができるかこれから考えていく。
・今までに行ったことでやらなくなったことがないか見直して、あれば再度続ける。
・続けるように呼びかけること。
・隣の医院が午後の休み中薬局内を減灯する。
・業務の時間配分を改善する。

おわりに

リーマンショックを超える経済危機といわれた２０２０年。数多くの企業が倒産に追い込まれているかと思いきや、倒産件数は７７７３件と８０００件を下回り、30年ぶりの低水準となりました。

多くの補助金や助成金、給付金、無利子・無利息の特別融資など、コロナ禍で業績に打撃を受けている企業に対し、手厚い支援が行われてきたことが一定の効果を発揮したといえます。

しかし、こういった支援はいつまでも続きません。当面の資金繰りを救った無利子・無利息の特別融資も、据え置き期間として制度上認められるのは5年。中小企業や個人事業者への実質無利子・無担保融資について中小企業庁が調査したところ、２０２０年12月末までに決定した融資のうち、日本政策金融公庫で66％、民間金融機関では56％が据え置き期間を1年以内に設定しています。

緊急融資を受けた企業の中には、その資金が尽きて再度融資申請をしている企業が増え始めているといいます。借りたお金は返さなければならないという当たり前の現実に多くの企業が直面しているのです。

経済活動は徐々に再開されてきたものの、コロナ以前の業績まで回復していない企業も多いでしょう。倒産件数も2021年に入り増加傾向となっています。

政府主導の支援策でこれまで何とか耐えてきた企業も、繰り返される緊急事態宣言や蔓延防止措置で限界にきているように見えます。

雇用という側面で見ると、「実質失業者」の数は146万人にも上っています。実質失業者は、コロナの影響で「シフトが5割以上減少」かつ「休業手当も受け取っていない」人と定義され、失業者（197万人）や休業者（244万人）に迫る規模となっています。

2021年10月からは最低賃金も引き上げられます。その引き上げ額は全国平均で28円と、過去最大の上げ幅となります。政府は最低賃金を全国平均1000円にすることを目指しています。この先も最低賃金の上昇にともない企業の人件費負担は増し、体力を奪っていくことになるでしょう。

こうした中、私たち経営者はどのように経営していかねばならないでしょうか。まず、今までの経営のやり方を変化させていくことが必要です。思い切って、やること・やらないことを明確にし、実行に移さなければいけません。

そして、何よりも大事なことは、「経営の軸を資金で判断」していくことです。振り返ると２０１２年後半以降は、アベノミクスにより比較的景気が良く、安定して利益を計上できていた企業も多かったと思います。また、利益を圧縮し、節税策を行ってきた企業も多いことでしょう。

節税策の多くは、資金流出をともない資金が残りません。そのため、新型コロナウイルス感染症のような「マサカ」に直面した際、乗り越えられる余裕資金がありません。当時の資金が残っていれば、どんなに資金繰りが楽だったでしょう……。

これまでのような、「勘・経験・度胸」で経営するようなやり方を見直し、データーを活かした、タイムリーな判断が重要です。そして、そのデーターとは、繰り返しになりますが資金であるべきなのです。できることなら、社長にとって参謀といえるような税理士を見つけ、客観的・的確なアドバイスをもらいましょう。

この先、経済は回復し、景気は上昇するかもしれません。しかし、歴史が証明しているように、必ずやまた予想外の経済危機や環境変化が襲ってくることでしょう。今こそ、他人資本に頼った経営から脱却し、資金が残り、増える企業体質を作らなければいけません。

私たち経営者は、明るい未来ではなく、大きな苦難を想定し経営していくべきなのです。その苦難がどのようなものかはわかりませんが、大事なことは、どのような想定外の事態にも耐えうる、生き残れる企業を作ることでしか、自社を防衛する手段はありません。間違っても、「金融機関が味方についているからうちは大丈夫」などという考えは持ってはいけません。

経営者は資金を増やすこと、ここに全力投球すべきなのです。
資金に無頓着な社長が金持ち社長になることはありません。
資金にこだわり、資金を中心に経営することが、金持ち社長になるための秘訣です。

野呂泰史

野呂泰史（のろ・やすし）
1978年生まれ、北海道札幌市出身。税理士。2018年より札幌観光大使就任。昭和62年創業のNBCグループ（NBCコンサルタンツ（株）、NBC税理士法人、NBC資金を増やすコンサルティング（株））代表。グループ社員数約150名。会計監査、本社管理部責任者、採用コンサルティング事業責任者などを歴任し、現在はグループ各社・経営全般の舵を取る。二代目として創業者の「税理士・会計事務所は社長の真の参謀でなくてはならない」という思想を受け継ぎ、企業改善に真っ向から向き合うコンサルタントを育成中。また、自らもクライアント企業をめぐり経営の実態把握に余念がない。真摯で丁寧な対応に多くの社長から支持を受けている。
◎趣味：ランニング。
◎好きな食べ物：焼肉。

金持ち社長の経営（かねもしゃちょうのけいえい）
節税が会社をつぶす（せつぜいがかいしゃをつぶす）

2021年11月 4 日　初版発行

著　者　　野　呂　泰　史
発行者　　和　田　智　明
発行所　　株式会社　ぱる出版

〒160-0011　東京都新宿区若葉1-9-16
03(3353)2835 — 代表　03(3353)2826 — FAX
03(3353)3679 — 編 集
振替　東京 00100-3-131586
印刷・製本　中央精版印刷（株）

ISBN978-4-8272-1301-0　C0034